基礎から学ぶ 社会調査と 計量分析

林 雄亮・石田 賢示 著

北樹出版

は じ め に

　本書は、社会学の分野において実証研究を展開していくために必要な知識を、できるだけ易しく解説したハンドブックです。社会学における実証研究にもいろいろなタイプのものがありますが、本書が想定しているのは統計的社会調査とその計量分析にもとづくもので、「計量社会学」とよばれるタイプの研究です。

　計量社会学を展開していくにあたって必要なのは、①社会学的な思考法、②社会調査の方法論、③統計学の知識とスキルです。本書の読者層として想定しているのは大学学部生のみなさんですが、みなさんの多くは「社会学的方法論」、「社会統計学」、「社会調査法」といった講義を通してこれらについてすでに学んだことがあるか、もしくはその最中だと思います。しかし習得したこれらの知識を上手に結びつけながら、オリジナルなレポートや論文の作成にスムーズに取り組んでいくことができるかと問われれば、自信をもって「はい」と答えられる人はそう多くはないでしょう。これらの知識について勉強することと、実際にこれらの知識を応用していくことの間には、意外に高いハードルがあるのです。

　そこで本書では、研究テーマのみつけ方から仮説を確かめるための方法の吟味、そして実際の社会調査とそのデータ分析を通して結論を導くというプロセスについて、できるかぎり容易な表現でまとめることを心がけました。本書の解説を超えたよりくわしい情報が必要なときは、それぞれの専門的なテキストにあたっていただければ幸いです。

　社会学を学びはじめた大学1年生はもちろん、社会調査実習などでレポートを書こうとしているけれど、なにをテーマにどんなことをやればよいのかわからず不安になっているみなさん、ゼミ論文や卒業論文についてそろそろ考えなくてはならないといったみなさんは、ぜひ本書の目次をみて、まずは気になる部分から読み進めてみてください。またレポートや論文の作成にすでに取り組んでいるみなさんも、必要に応じて手に取ってみてください。

　また本書は、社会調査士資格の認定科目である【A科目】社会調査の基本的事項に関する科目、【B科目】調査設計と実施方法に関する科目、【C科目】基本的な資料とデータの分析に関する科目、【D科目】社会調査に必要な統計学に関する科目の補助教材としても有効です。

　なお本書は、科学研究費補助金基盤（S）（18103003、22223005）の成果の一部です。東京大学社会科学研究所パネル調査の実施にあたっては、社会科学研究所研究資金および株式会社アウトソーシングからの奨学寄付金を受けました。パネル調査データをもとにしたデモデータの作成・配付にあたっては社会科学研究所パネル調査運営委員会の許可を得ました。関係各位に記して感謝いたします。

　最後に、本書の企画から刊行まで北樹出版の福田千晶さんには大変お世話になりました。記して感謝いたします。

執筆者代表　林　雄亮

Contents ■■■■

基礎から学ぶ
社会調査と計量分析

「研究する」ということ

  ① 「研究」とはなにか

　これまでみなさんは、小学校に入学してから高校を卒業するまで、たくさんのことを学んできたはずです。たくさんの漢字や数学のややこしい公式、語呂合わせでおぼえる日本史・世界史の年号や物質の名前、紛らわしい英単語や英文法など、知識の量にしてみればどれくらいになるでしょうか。容易に想像がつきません。

　ところで、本書が主題とするのは、これまでの学びとは少し違った学びについてです。これまでの学びは「学習」とよばれるものですが、大学には「研究」とよばれる新たな学びの体系があり、みなさんのうちの多くは大学4年間のなかで各自の研究を進め、最終的な成果として卒業論文を完成させていくことになります。

　そこで気になるのは「研究とはなにか」ということでしょう。この本ではあまり難しく考えずに、研究とは「新たな知見をみつけること」としたいと思います。この「新たな」という部分は、文字どおり「新しい」という意味で解釈してもよいですし、「オリジナルな」という意味でも構いません。なお、本書は主に社会科学のなかの社会学を学んでいるひとを読者に想定して書かれているため、「社会学の研究分野で新たな知見をみつけること」を目標にしていきたいと思います。

　しかし、新たな知見をみつけるにはどうしたらよいのでしょうか。すでにたくさんのことがわかっているこの世のなかで、普通の大学生がまだだれも知らないなにか発見をすることなどできるのでしょうか。このように思うひとも多いでしょう。でもあまり心配しないでください。適切な研究のしかたを身につければ、おのずと新たな知見への道が開けてきます。

  ② 「研究のしかた」を学ぶ

　本書を通してみなさんがこれから学んでいくことは、「研究のしかた」です。具体的には計量社会学という枠組みのなかで、新たな知見をみつける力を身につけることが目標です。残念ながら、私たちが目指す新たな知見は行き帰りの電車のなかでふと思いついたり、散歩中に急にひらめいたりするものではありません。したがって、次のような筋道で研究が進んでいくことを理解してください[1]。

1　すでに卒業論文などに取り組んでいる最中で、必要に応じて本書を読んでいる場合は、目次を参考に関心のあるページまで飛んでいただいても結構です。

1. 問いをみつける（問題設定）【準備編 1 ～ 5】
2. その問いについてこれまでどのようなことが明らかになっており、どのようなことがまだ明らかになっていないのかを確認する（先行研究の検討）【準備編 6 ～ 10】
3. 問いに対する答えを導くための具体的な方法を考え、実行に移す（社会調査の企画・実施）【調査編 1 ～ 17】
4. 得られたデータを分析可能な形に適切に処理する（データ処理）【分析編 1 ～ 6】
5. 得られたデータを分析し、考察を加える（計量分析）【分析編 7 ～ 25】
6. 成果物として適切な形にまとめる（論文作成）【まとめ編 1 ～ 4】

　ちなみにこのプロセスは、大学生の卒業論文から大学院生の修士論文や博士論文、大学教授の研究論文にいたるまでまったく同じです。つまりこのプロセスさえ守っていれば、素晴らしい研究になる可能性は十分にあるということです。

　しかし残念なことに、以上のようなプロセスで研究を進めていっても予想された結果にならなかったり、研究の途中で行き詰まったりすることがあるのも事実です。そんなときはつい、「この研究はダメだった」と思ってしまいそうですが、そうではありません。そこには、ある問いに対して 1 つの仮説を提示し研究を進めた結果、「少なくともその仮説は支持されない」ということを明らかにした、という成果があるのです。そしてその成果が、「なぜ仮説が支持されなかったのか」という新たな研究関心を生むことになります。

 ## 3 研究を楽しむことが大切

　ここまで読んだところで、「興味をもっていることはあるのだけど、それについて研究するとなると難しそうだな……」と意気消沈してしまったひともいるかもしれません。しかしそういうひとのなかには、研究というプロセスを難しく考えすぎているひともいるようです。たとえば、「人一倍の関心や情熱がないと、このテーマについて語ってはいけない」といった考えなどは不要です。研究対象に対する関心や情熱というものは、研究を続けているうちに愛着と同じように高まっていくものです。それではさっそくはじめていきましょう。

研究をはじめる前に知っておくこと

1 研究上のルールとマナー

【心構え編1】では、研究とは新たな知見をみつけることだと説明しました。そのためには存分に自由な発想や柔軟な思考を展開していくことが必要になりますが、それと同時に、研究を進めていくうえではさまざまなルールを守り、マナーを身につけなければなりません。これらのルールやマナーは研究リテラシーとよばれ、大学生のみなさんは初年次のゼミなどで研究のルールやマナーについてすでに学んだことがあるはずですし、レポートや論文を書いた経験があるなら、その過程で先生から指導を受けたこともあるでしょう。本書では研究リテラシーについて詳細に解説することは省略するので、一般的な研究リテラシーについてくわしく学びたいひとや復習が必要なひとは、山田・林（2011）などを読んでください。また本書と同シリーズである南田ほか（2013）にも、研究リテラシーについての記述があります。以下では、本書がテーマとしている社会調査と計量分析を用いた研究について、とりわけ重要な事項について解説します。

なお、社会調査の歴史や方法論的な概説が必要な場合は、原（2016）が参考になります。

2 社会調査・計量分析と研究リテラシー

社会調査については、その調査内容や方法がひとびとに苦痛を与えたり[1]、個人情報が他者に漏れる可能性がある調査体制などは問題があるといえるでしょう。このような調査倫理の徹底については、調査の実施にかんする審査機関が所属機関に設置されていることがあります[2]。そのような手段を用いて他者の目で確認してもらうことで、自分たちでは気づくことができなかった調査の問題に直面することもあります。その場合には指摘された内容に向きあい、改善する努力が必要になってきます。

社会調査の実施には、調査票、調査要領、調査対象者リスト、調査データファイル、データクリーニング用シンタックス、統計分析用シンタックスなどさまざまな種類の電子ファイルを使います[3]。これらをすべて適切に維持・管理していくことも重要です。さらにこれら

---

1 物理的な苦痛だけでなく、過去のなんらかの被害経験をたずねることによるフラッシュバックなどの精神的な苦痛にも配慮する必要があります。

2 この点については再度【調査編12】でも触れます。

3 「シンタックス」とは、ソフトウェア上で使っている構文のことです。統計ソフトウェアでは、データに対しておこなった操作や分析結果の記録をシンタックスで表現し、それを保存しておくことができます。

のファイルのなかには、研究のプロセスに応じて上書きの必要が生じるものも少なくありません。その際には、ファイルを「上書き保存」ではなく「名前を付けて保存」とし、常に古いヴァージョンのファイルを保持しておくことを心がけてください。これは研究を遂行する自分自身がいつでも以前の状態に戻ることができること、他者から研究のプロセスについて説明をもとめられた場合に、確実に答えることができることの2つの点から重要です。したがって電子ファイルの名前も、たとえば単に「調査票.docx」や「調査票【改訂版】.docx」とするのではなく、「調査票.ver.3_161031.docx」[4]のように作成日やヴァージョンが一目でわかる名前のつけ方を決め、それにしたがってファイルを整理しておくとよいでしょう。そして、すべてのファイルは万一誤って消去してしまったり、紛失してしまったりした場合を想定し、2重3重にバックアップを取っておきましょう[5]。また情報の流出には最大限の注意を払い、ウィルス対策ソフトのインストールを徹底し、共用パソコンでのデータ利用や保存は控えましょう。

　電子ファイル以外にも、紙媒体で保存・管理しなければならない資料も存在します。その典型例が記入済み調査票です。記入済み調査票は所属する機関によっては数年間の保管が義務づけられていることがあるので、規定にしたがい管理者しかもちだせない環境に保管する必要があります。

　最後に自身の研究を進めるうえで必要な資料や電子ファイルの扱いについてです。これらについても基本的には調査関連資料と同じレベルで管理していくとよいでしょう。また近年では、雑誌論文などもオンライン上で閲覧・ダウンロードすることができるようになっています。たとえば「Mendeley」というインターネット上のサービスを用いれば、これらのファイルをインターネット上で管理し、自分だけのヴァーチャルライブラリーを無料で構築することも可能ですから、ぜひ試してみてください。

【参考文献】

原純輔，2016，『社会調査——しくみと考えかた』左右社.
南田勝也・矢田部圭介・山下玲子，2017，『ゼミで学ぶスタディスキル【第3版】』北樹出版.
山田剛史・林創，2011，『大学生のためのリサーチリテラシー入門——研究のための8つの力』ミネルヴァ書房.

4　ここで「ver.3」はヴァージョン3、「161031」は2016年10月31日作成という意味で使っています。

5　パソコンのハードディスク、USBメモリーなどのリムーバブルディスク、インターネットを経由したサーバーやクラウドなど複数の種類の媒体を使い分けることも大事です。

 テーマをみつけるきっかけはさまざま

　好んで研究をやりたいひとも、そうでなく卒業のための単位が必要だから嫌々やらざるを
えないひとも、重要なことはゴールまで続けられそうな研究テーマをみつけることです。ゴー
ルにはゼミのレポート、卒業論文、あるいは研究分野の金字塔となるような名著まで、さま
ざまなものがありえます。3つ目のゴールは大げさであるにしても、卒業論文完成まで走り
切れるような研究テーマをぜひともみつけたいところです。

　ゼミなどで「研究テーマを考えてきなさい」といわれたときには、なにをどうすればよい
のかがわからないかもしれません。何事もはじめは不慣れであるのは当然です。ですからう
まい研究テーマ、つまり学術的、社会的に探求する意義があり、一定の期限内（レポートや卒
業論文の締切まで）に取り組むことができ、しかも自分がやってみたいと思えるテーマをいき
なり考えだすことはできません。

　なかには思いもよらない独創的なアイディアをすぐに思いつくひともわずかにいますが、
ほとんどのひとは、生活のなかでさまざまな物事を観察しながら研究テーマをみつけていま
す。以下では、テーマをみつけるための主要な3つの方法について説明します。

 日々の生活からテーマをみつける

　テレビや新聞で報じられるニュースは、研究テーマをみつける身近なソースの1つでしょ
う。ニュースだけでなく、ドキュメンタリーや情報番組ではそのときどきの話題について取
材された内容が報じられています。テレビや新聞で報じられる内容には「ネタになりそうだ
から」など商業的な動機にもとづくものも少なくありませんが、報道の作り手側が「これは
売れる」と考える題材であるからには、やはりひとびとが注目するなんらかの事情がある
かもしれません。話題として報じられることがらについて、「どうしてこのようなことが起
こるのだろう」という疑問を無理やりにでも抱いてみれば、それが研究の出発点になります。

　あるいは、自分のこれまでの生活経験も、研究テーマをみつけるうえで重要です。たとえ
ば、夏休み最後の数日間で宿題に必死に取り組んだというひとは少なくないのではないで
しょうか。「すぐにやればよいのになぜやらないのか」という問いは、実際に行動科学の領
域で真剣に研究されていることがらです。また、社会的により深刻なテーマでは、いじめや
差別などもあげられるかもしれません。

授業のなかからテーマをみつける

　本書を手に取っている方々の多くは大学生だと思われますが、せっかく授業料を支払って大学に通っているのですから、講義や演習、実習の場を大いに利用しましょう。とくに各分野の概論にあたる授業では、教員はできるだけ広いトピックをカバーできるように配慮しているはずです。また、教員は自分の研究分野に関連する講義、演習をおこないますので、学生にも自分の専門に興味を少しはもってもらいたいと考えて授業準備をします。シラバスをよく読んで、「少し聞いてみようかな」と思い立ったが吉日、とりあえず講義を聞きに行くフットワークの軽さが重要です。そして少し勇気を出して、教員の研究室訪問の予約をとってみてもよいのではないでしょうか。もちろん、授業を履修するときや教員にアポイントメントをとる場合には、大学や教員から出される指示をしっかり守りましょう。

 ## 論文や本のなかからテーマをみつける

　以上の方法は、自分の大まかな関心がどこに向きやすいのかを知るうえでは有効です。しかし、具体的なテーマを固めるには、テレビや新聞、授業だけでは広すぎます。関心の方向がわかったら、図書館や論文検索サイト、あるいはインターネットを使って、関連することについて掘り下げて探求している論文や本を探してみましょう。世の中、自分と同じようなことに興味をもっているひとが自分以外に意外と何人もいるものです。論文や本の探し方は【準備編 6 〜 8】を参照してください。

 ## 教員や友人・知人との議論のなかからテーマをみつける

　上記の方法で3つのテーマを探しつつ、自分の研究関心について教員やゼミの先輩、友人と情報交換をしてもよいでしょう。情報交換、議論を通じて自分が考慮していない部分に気づけることもたくさんあります。人に頼りすぎることは望ましくありませんが、他人から理解されにくいテーマを独りよがりで設定してしまわないためにも、積極的に周囲のひとびとに相談してみましょう。

Chapter 準備編 2 4

素朴な疑問を研究上の問いにする

 研究テーマを解きほぐして取り組むべき研究上の問いをみつける

　日常生活のさまざまな局面から研究テーマをおぼろげながらみつけだした段階では、まだ問題関心は漠然としたもので、具体的な研究に入ることはできません。たとえば少子化というテーマをとりあげて「どうして少子化が起こるのだろう」という疑問をもったところで、一足飛びに答えが得られるわけではありません。少子化というテーマで書かれた専門書の目次を読んでみればすぐにわかることですが、全体を包括する大きなテーマのもとで多様な論点、視点からの具体的な研究がなされています。研究を進めるうえで設定しなければならないのは、大きなテーマにぶら下がる具体的な研究上の問い（リサーチ・クエスチョン）です。

　しかし、いきなり研究可能な具体的な問いを設定することは難しいことですので、まずはブレーンストーミングが必要です。関心をもった研究テーマについて、関連しそうなことがらをまずは言葉にしてみましょう。単語でも文章でもいいので、連想されることをできるかぎり書きだしてみましょう。自分1人でアイディアをひねりだす必要はなく、さまざまな情報源を駆使します。そうしてできあがったキーワード、キーフレーズのリストが、その時点で研究テーマについて想像の及ぶ範囲だということです。数が少ない場合は十分に考えていないか、その研究テーマとの相性が悪い可能性があります。

　関心のあるテーマに関係する言葉をあげたところで、そのなかでとくに関心をもてそうなものをいくつか選んでみましょう。そこまで作業を進めたところで、実際に研究上の問いを立てることになります。問いにはいくつかのタイプがありますので、以下に列挙する問いのタイプを参考にしながら、具体的な研究上の問いを言葉にしてみましょう[1]。

 問いの種類

　研究上の問いにはさまざまな立て方がありますが、もっとも基本的なものは「○○は（どのくらい）存在するか」というものでしょう。注目する物事が定量的にどの程度のボリュームで確認できるのかは、実証的な研究をおこなううえで基本的ですがもっとも大切な論点です。この問いに対し適切な答えをだすためには、注目する物事の定義が明確で、多くの人にとって納得できるものでなければなりません。

　上記の問いに対し、どれだけかはわからないけれども注目する物事がある程度存在するこ

1　以下の説明は、Meltzoff（1998=2005）の整理を参考にしています。

とがわかったところで、今度は「○○の特徴はどのようなものか」という問いが立てられます。特徴というからには、注目する物事が関連する物事と比べてどこがユニークなのかを記述しなければなりません。そのため、この問いには「○○以外と比べて」という比較の視点が暗に含まれていることに注意してください。特徴にかんする記述の問いは、遅かれ早かれ比較にかんする記述の問い（□□について、○○と△△はどの程度異なるのか）につながっていくことを意識しましょう。この点については、【準備編4】も併せて読んでください。

　比較にかんする記述の問いともかかわるのが、関係、関連を記述する問いです。「○○と△△には（どのような）関連がみられるか」という問いの立て方です。たとえば学習時間と試験成績の関連といったように、2つの要因にどのような関係があるのかを問うものです。関係、関連にかんする問いは、関連の有無だけでなくどのような関連であるのかも問います。一方が大きい（小さい）ともう一方も大きい（小さい）という関連を正（プラス）の関連、一方が大きい（小さい）ともう一方は小さい（大きい）という関連を負（マイナス）の関連とよびます。このような関連を、相関関係ともいいます。

　以上は、注目する1つの物事の性質や、2つ以上の物事の関連の性質を記述するための問いです。これらの問いに対して適切に答えられるだけでも、研究水準が高いといえます。そこから一歩進んで、「なぜ○○が多い（少ない）のか」「なぜ○○は△△に比べて□□であるのか」「なぜ○○と△△の間には正（負）の関連が生じるのか」など、ある性質が発生するメカニズムを説明するための問いがさらにあります。

　少し注意する必要があるのは、メカニズムを説明するための問いは、性質を記述する問いに比べて、想定される答え（仮説といいます。【準備編5】も参照してください）にはさまざまな可能性があります。同じ性質について、まったく別のメカニズムから説明をおこなうことも可能なのです。メカニズムを説明するための問いを立て、それに答えようとする場合には、他に考えられる説明の存在可能性（「対抗仮説」などとよぶことがあります）にくれぐれも注意、配慮しなければなりません。そうでなければ、研究全体の視野が狭く、独善的なものになる恐れがあります。

【参考文献】

Meltzoff, Julian, 1998, *Critical Thinking about Research: Psychology and Related Fields*, Washington DC: American Psychological Association（= 2005, 中澤潤監訳『クリティカルシンキング　研究論文篇』北大路書房.）

概念を使って物事を考える

Chapter 準備編 3

5

 概念を使うことは難しくない

　概念（concept）とは、私たちが日常生活で目にする、あるいは経験するさまざまな事物や現象を的確に言い表す言葉です。このように表現すると難解なものに思えてしまいますが、私たちは日頃から概念を使って生活しています。たとえば、家族や友人と一緒に買い物に出かけたとき、偶然真っ赤な「リンゴ」を目にしたとしましょう。そのとき、「美味しそうな『リンゴ』だね」といった会話があるかもしれませんが、「美味しそうな『赤くて丸い果物』だね」というやり取りにはならないでしょう。「美味しそうな『リンゴ』だね」という会話が成り立つのは私たちが「リンゴ」という概念を理解しているからです。

　研究を順調に進めるためにも、概念をうまく使わなければなりません。【準備編2】でとりあげた素朴な疑問は、そのままでは人によって受け止め方が異なってしまい、誤解を生じる可能性もあります。誤解を生まないまでも、せっかく考えた疑問やアイディアがあまりに個別的すぎるために研究に広がりがなくなってしまいます。そのため、概念をうまく使って疑問やアイディアを研究の言葉として表現する必要があるのです。

 概念を使うことのメリット

　素朴な疑問の段階では、自分の感覚やさじ加減で物事を論じています。しかし、自分の感覚が他人にも通用するとは限りません。むしろ程度の差はありますが、同じ言葉でも自分と他人で受け止め方が違うことのほうが多いかもしれません。

　自分の感覚で物事を考えてしまい、他人から理解されないようでは研究になりません。そこで、それぞれの研究分野で定着している概念を使って物事を考えます。これらの概念の多くは専門的研究者の間で共有されているので、指導教員の先生や自分と同じ研究関心をもつひととの議論がスムーズに進むでしょう。自分の研究分野の辞典や概説書で、研究関心に類する概念を調べてみてください[1]。

　誤解なく疑問やアイディアを表現するだけでなく、自分の研究に広がりをもたせるときにも概念を使って考えることは有益です。具体的には、あまり抽象的にならない程度に、より一般的な概念を用いて疑問やアイディアを表現するということです。たとえば「東日本大震災後にひとびとの節電行動がどのように変わったか」という疑問をもったとしましょう。実

1　社会学では Abercrombie et al.（2000=2005）などが参考になります。

際の研究で東日本大震災と節電行動に着目することには問題はありませんが、特定のことがらから研究をスタートさせると、参考になる先行研究を見つけ損ねることがあります（【準備編8】でくわしく解説します）。

　とりわけ注目している物事をより広い概念で考えることを一般化といいます。上記の例でも、あまり抽象的にならない程度に物事を一般化させて考えることで、さまざまな研究が自分の研究関心の範囲に入ってきます。たとえば、「東日本大震災」は「災害」、「節電行動」は「生活行動」や「ライフスタイル」のように一般化できるかもしれません。このようにより広い概念を用いることで、「災害後にひとびとの生活行動がどのように変わったか」という、より一般的な問いを設定することができるようになります。こちらのほうが、関連する先行研究をより多くみつけることができます。また、一般化したうえで東日本大震災や節電行動について考えることで、それらが他の災害や生活行動と比べてどこが特徴的であるのかが明確になるでしょう。これにより、とくに自分が注目する対象について探求することとの学問的・社会的意義を主張することにもつながるのです。

 ## 3　研究では複数の概念を組みあわせる

　本書が想定する研究では、自分で問いを立て、そしてその問いに対してありうる結果（仮説）を考え、データを用いて実証するというプロセスが想定されています。そのため、「○○○○とは何か」のように1つの概念について探求することを前提としていません。「災害の前後でひとびとの生活行動が変化するか」という例のように、複数の概念の間に因果関係を想定しながら研究を進めることがあります。多くの概念を組みあわせることで、より複雑な社会現象を説明するための枠組みを提示することもできますが、何をいい表しているのかが不明になっては本末転倒です。次の【準備編4】で述べるような、2つの概念を使って比較の視点で物事を考えるところから研究をはじめるのがスタートラインとして適切でしょう。

【参考文献】

Abercrombie, N., S. Hill and B. S. Turner, 2000, *The Penguin Dictionary of Sociology*, 4th ed., Harmondsworth: Penguin Books.（=2005, 丸山哲央監訳・編集『新版　新しい世紀の社会学中辞典』ミネルヴァ書房.）

Chapter 準備編 4　6
比較の視点で考える

 なぜ比較の視点が必要なのか

　ここまでで素朴な疑問を問いに練り上げ、さらに概念的に考えることでその問いが矮小化されないようにする必要のあることを説明しました。また問いを立てっぱなしにしていては意味がありませんから、なんらかの答えを準備する必要があります。前もって準備される答えのことを仮説とよびます（詳しくは【準備編5】を参照してください）。問いや仮説を立てるときには、比較の視点が必要になります。

　比較の視点が必要になるのは、研究の対象になるひとびと、物事が多様だからです。逆にいえば、多様なひとびとや物事を対象にするからこそ、研究課題として探求する価値があるといえるでしょう。ひとびとの間でなにについてどの程度の違いがあって、それがなぜ生じるのかを解明していくことが、社会科学の役割の1つだといえます。またその過程で逆にどの部分では似ている、同質であるといえるのかもみえてきます。ひとびとの間の相違点、類似点を明らかにするには、なんらかの基準でひとびとを比較する必要があるのです。

 比較の視点で考える方法

　問いや仮説の設定には比較の視点が必要だと述べましたが、少し意識的になればそれほど難しい作業ではありません。たとえば、「日本の所得格差は大きいか、それとも小さいか」という問いを立てたとしましょう。このときありうる答えは2通りで、「格差は大きい」か「格差は小さい」ということになります。それでは、どのようにして格差の大小を判断するのでしょうか。ここで、比較の視点が入り込んでくることになります。

　比較には、大きく2つの視点があります。1つは横断的な視点です。上記の日本の所得格差にかんする例ならば、同時期の日本以外の社会と比較して、日本の所得格差のほうが大きいのか、小さいのか、それとも同程度なのかを判断するという方法が一例としてあげられます。国際比較は横断的な方法の代表例です。

　もう一つは縦断的な視点です。この視点では、同じ日本社会について時系列的な比較をおこないます。日本の所得格差の変化をデータで追うことによって、焦点をあわせた時期の所得格差が他の時期に比べて大きいか否かを判断することになります。数十年（あるいは数百年）にわたる社会変動を明らかにしたい場合は、縦断的な視点で問いと仮説を立てることになります。

　実証的な研究が可能な問いと仮説を立てるためには、自分の注目している対象の特徴を横

断的視点、縦断的視点のどちらで明らかにしたいのかをはっきりさせる必要があります。両方の視点をとりいれることは意義のあることですが、研究の初期段階ではどちらかについてよく考えて、必要が生じたときにもう一方の視点も考慮するのがよいでしょう。

 ## 比較の軸はたくさんある

　先ほどは、同時期の日本社会とそれ以外の社会、異なる時期の日本社会をそれぞれ横断的視点、縦断的視点の例としてあげました。しかし比較の軸はこれだけにとどまらず、問題設定のしかたによって、さまざまなものがありえます。

　表 6-1 に、比較の視点で考える際に軸として使える例をいくつかあげました。同じ国や社会のなかでの属性（性別や学歴など）による比較は、研究対象となる時代や社会における、属性のもつ意味を明らかにする際に有効です。さらに、属性による違いがその時代特有であるかを検証するには、属性による比較を時代ごとにおこなうことが必要です。問いによりどの

ような軸で比較をおこなうのかは変わります。問いが複雑になれば、複数の比較の軸が組みあわされることになります。研究の初期では、用いる比較の軸はできるだけ少なく、シンプルな問いを立てるように心がけましょう。

表 6-1　比較の軸の例

視点	比較の軸	例	比較のしかたの例
横断的	国・社会の情報	GDP ／制度…	制度の違いによって失業率が異なるか？
	個人属性	性別／学歴／職業…	学歴によって結婚観は異なるか？
	個人にかんするその他の情報	生活習慣／意識…	朝食を欠かさないか否かで成績が異なるか？
縦断的	時代	出生年代／就職年代…	就職時期の景気状況によってその後のキャリアに違いがあるか？
	同じ個人のなかでの時間	実験／属性・意識変化…	特別講座を受講したか否かでその後の成績がどのように変わるか？

 ## 比較するグループ同士の多様性に注意する

　比較の視点で考えるときには、比較するグループ内部の多様性に注意してください。たとえば同じ「無業者」でも、収入が得られない状態に置かれている人もいれば（失業者など）、収入を得る必要がない人もいるでしょう（専業主婦、年金生活の高齢者など）。比較の視点を導入する際、軸となる概念についてどのような想定（仮定）をもっているかが明確でないと、実際のデータでとらえた集団と、想定される集団は似ても似つかないものになりかねません。問いや仮説を立てる際には、比較に用いるグループがどのようなひとびとによって構成されているのか、つまり概念定義を明確にするようにしましょう。その概念定義に沿って、データや変数を作成することになります。

Chapter 準備編 5 / 7

概念仮説から作業仮説へ

 概念仮説を立てる

　ここまで、概念を使って問いを立て、さらに比較の視点をとりいれることの重要性を論じてきました。概念を使って問いを立てたのですから、同様に概念を使ってありえそうな答えを考えることになります。文字どおり「ありえそう」なだけですので、この答えはまだ仮説です。概念を使って表現するので、概念仮説とよびます[1]。

　概念仮説の段階では、まだデータや資料のことは考えず、研究対象に関連する概念の定義とそれらの関係について思考を集中させてください。概念を使って立てた問いに比較の視点をとりいれることで、その問いが検証できるようになります。「性別役割意識は人によって異なるのか」という問いだけでは、「考え方は人それぞれなので異なるでしょうね」と片づけられてしまいます。比較の視点をとりいれることで、実際に調べてみなければわからない研究上の問いになります。たとえば「配偶関係[2]によって性別役割意識の強さが異なるのか」という問いの立て方です。

　このように概念仮説とは、立てた問いに対する、ありうる答えのことです。配偶者の有無や離死別経験により性別役割意識の強さが異なると考えられるならば、「配偶関係により性別役割意識の強さが異なる」という仮説を立てることになります。配偶関係が無関係だと考えられるならば、「配偶関係の間で性別役割意識の強さに差はない」という仮説です。このとき、論理的には配偶関係という原因となる概念により、性別役割意識という結果の概念について違いが生じるという関係が想定されています。

　比較の視点で問いを考えるときに、すでに概念仮説についてもある程度考えていることになるのです。ここで重要なのは、考えだした概念仮説がなぜありうるのかについて納得のいく筋道だった説明を加えることです。この説明のことをメカニズムとよぶことがあります。メカニズムは概念仮説の前提をなすために重要であり、各種データや先行研究の知見なども援用しながら丁寧に考える必要があります。ただし、「先行研究やデータでそういわれているから」という説明は筋道の通ったものとはいえません。データや先行研究を利用しつつも、論理的に概念間の関係を説明しなければなりません。

　概念仮説が成り立つメカニズム自体をデータで検証しなければ、メカニズムが正しいとはいえないのではないかという疑問があるかもしれません。しかし概念仮説の前提、仮定とな

1　単に仮説とよんだり、理論仮説と記したりすることもありますが、ほぼ同じ意味です。

2　配偶者がいるか否かによって、「未婚」、「有配偶」、「死別」（過去にいたが死別した独身のひと）、「離別」（過去にいたが離別した独身のひと）の4グループに分けられます。

るメカニズムの論理的な整合性と、データ分析の結果は分けて考えてください。概念仮説とそのメカニズムは、注目する対象について論理的に説明を与えるために考えだされるものですから、データ上でどうなっているかという事実とはひとまず分けて考えるべきでしょう[3]。逆に、実際に検証しなければその論理自体に疑義が生じるようなメカニズムが、概念仮説を支える論理として有効なものかを熟考すべきです。

概念仮説を作業仮説で表現しなおす

論理的にもひとまず問題のなさそうな概念仮説を立てられたら、その真偽をどのようにしてデータで検証するのかを考えることになります。概念仮説を変数によって表現しなおすことを操作化とよび、操作化された仮説を作業仮説とよびます[4]。

図7-1は、概念仮説と作業仮説の関係を図式的に表現したものです。仮説の真偽はデータ分析の結果を待たなければなりませんが、データを得るためには実際に調査を実施する必要があ

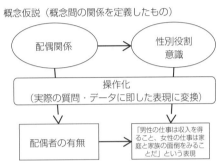

図7-1　概念仮説と作業仮説の関係

ります。そこで、抽象的な概念を対象者にたずねるわけにはいきません。論理のレベルでは概念の使用は有効ですが、概念を測るための調査現場では、どの対象者にも同じように意味を理解してもらえるように質問を設計しなければなりません。操作化は概念を実際の質問で把握し、データ上の変数として表現する重要な手続きなのです。

作業仮説で表現する段階では、結果のイメージをもてるようになりましょう。仮説が正しい状況と、それを示す分析結果の図表の内容が整合的でなければならないからです。また、その図表作成に必要な変数、方法をあらかじめ考えておくことで、質問設計の失敗のリスクを多少なりとも減らすことができます。逆に、結果の図表のイメージを表現できない仮説の場合、調査やデータで検証可能なものなのか再度吟味する必要があるでしょう。

【参考文献】

鳶島修治，2014，「階層的重回帰分析とモデル比較」三輪哲・林雄亮編著『SPSSによる応用多変量解析』オーム社，131-146.

3　メカニズムも含めてデータで検証する方法は、鳶島（2014）などを参照してください。
4　操作仮説とよぶこともあります。

先行研究の探し方

 先行研究の検討がなぜ必要か

　問いと仮説の設定と並行して、自分の研究テーマに関連する先行研究を探す必要があります。先行研究は重要な論点や知見が報告されているもので、論文や書籍、学会報告の要旨集などさまざまな媒体が含まれます。各研究分野は、先人の知的、学術的探求の成果の蓄積によって成り立っています。先行研究の検討は、先人への敬意を表すだけではなく、自分の研究をその分野の流れのなかに位置づけることでもあるのです。

　先行研究の検討（レビュー）は、過去の文献、知見を証拠にして自分の研究の意義、正当性を実証する場です。読書ノートを披露する場にしてはいけません。先行研究の検討を通じて明らかにしなければならないのは、自分の研究テーマについてなにがどこまで明らかで、わかっていないことがなにか、また先行研究が抱える問題点、課題がなにであるかです。詳細については【準備編 9, 10】で解説しますが、先行研究の問題を克服し、まだ明らかになっていないことが自分の研究によって解決されるということを説得的に示すことができれば、レビューとしては満点です。そのためには、「データ」となる先行研究を集めなければなりません。

 先行研究を探しはじめるタイミング

　いつから先行研究を探しはじめなければならないのでしょうか。唯一の答えはありませんが、研究テーマにかんする素朴な疑問をもちはじめたあたりから、関心のある本や論文を手にとってみるとよいでしょう。自分が関心をもったテーマについて研究者たちがなにを議論しているのかを知ることが第一歩です。それにより自分の問いがさらによいものになることもあるでしょうし、あるいは研究テーマを方向転換させるきっかけにもなるかもしれません。

　それでは、先行研究を探し終わるタイミングはあるのでしょうか。残念ながら、そのようなことはありません。研究がスタートすると、必要に応じて先行研究を探さなければなりません。研究の段階によって、探すべき先行研究も変わってきます。

 先行研究はロート型で探す

　研究は、関心をもったテーマについて素朴な疑問をもつところからはじまります。素朴な疑問をもったところで、まず先行研究を探してみましょう。実際の探し方は【準備編 7】で

具体的に取り扱いますので、ここでは研究の各段階で先行研究を探す方針について説明します。

研究構想段階
・テーマに関係しそうな
　先行研究はできるだけ
　広く目を通しておく

研究完成段階
・適宜、自分の論文を完成させる
　ために必要な先行研究を探す

図 8-1　先行研究検索のイメージ

先行研究は、研究の初期には広く探し、研究が進むにつれて絞り込んで探すようにしてみましょう。「ロート」のイメージです（図8-1）。素朴な疑問をもち、自分なりに問いを立ててみたという研究構想の段階では、先行研究は「広く」「浅く」検討しましょう。「広く」というのは、自分の関心に少しでも関連しそうな先行研究を幅広く探すという意味です。実際にどのような研究がなされているのかを知るにつれて、自分の関心がどこにあるのかもより明確になるでしょう。「浅く」というのは、この段階ではみつけた先行研究を精読する必要がとくにないという意味です。先行研究でどのような問いが立てられ、なにが知見として議論されているのかがわかれば十分です。探しだした多くの先行研究を一度に精読しようとすると、時間、労力などいろいろな面でコストがかかり、先行研究の検討に挫折してしまう可能性もあります。Excel などで書誌情報と内容の簡単な要約を整理しておくと、研究が進んだときに役立つでしょう。

研究が進むにつれて、先行研究は「狭く」「深く」検討していきましょう。先行研究を集めて研究関心を固める段階で、その研究テーマの到達点と課題がみえてきます。なにがどこまで明らかになり、どこからが未踏の課題なのかをふまえたうえで、問いと仮説を明示します。この段階では、自分の研究で取り組む課題に直結すると考えられるものに絞り込んで先行研究を探すことになります。探しだした先行研究は、全体の論理構成、結論部分での議論だけでなく、分析方法やデータについても精読するようにしましょう（詳細は【準備編9】を参照してください）。

先行研究の検索は準備段階だけでなく、研究がある程度完成した段階でも必要です。自分の研究が完全無欠であることはまずありませんので、分析や結論部分での議論の穴を、先行研究の知見によって補強することもあります。この段階でも、先行研究は適宜必要なものを絞り込んで探すようにしましょう。

文献検索の方法

 文献検索のための情報源

【準備編6】では、自分の研究の意義、重要性を筋道立てて論証するために必要な作業として、先行研究をレビューしなければならないことを説明しました。ここでは、実際に文献を検索するときの基本的なポイントを解説します。

表9-1は、文献を検索、あるいは入手するための主要な経路と具体的な情報源を列挙したものです。近年では大学外からでもインターネットを通じて容易に文献を探せるようになりました。Google Scholar[1] はその好例で、キーワードを入力すると多くの文献情報を得ることができます。把握されているものについては、引用・被引用関係もわかるので、芋づる式に文献を探すこともできます。日本語の学術誌を中心に探す場合には、CiNii[2] (国立情報学研究所) やJ-Stage[3] (科学技術振興機構) を利用すると、より精度の高い検索が可能になるでしょう。これらの検索サイトから、論文の電子ファイル (PDF) が入手できる場合もありますので、活用してみましょう。

とはいえ、文献検索の代表的な情報源は依然として大学図書館です。書籍を手にとって中身を確認するならば図書館を利用するのがもっとも効率的です。自分の所属大学の図書館に書籍や論文がない場合でも、他大学の図書館から取り寄せることもできます。大学図書館から利用できるデータベースもあるので、自分の所属大学の図書館のホームページをチェックしてみましょう。また、図書の専門家である図書館員の力を借りることも、文献を探すうえでも非常に有効です[4]。論文・レポート作成のための文献検索にかんするセミナーを定期的に開催していることもありますので、大学図書館に足を運んでサービスを活用しましょう。

3つ目にあげたのは先行研究自身です。自分の研究のために他人の研究を参照すべきなのと同じく、先行研究でも別の先行研究をレビューしています。1つ先行研究を探せば、その文献リストから数十の先行研究情報を手に入れることができ、芋づる式に先行研

表9-1 文献検索の主要経路

検索経路	具体例
インターネット	Google Scholar ／ CiNii ／ J-Stage など
大学 (図書館)	大学図書館経由で利用できるデータベース ／リファレンスデスクなど
既存文献	先行研究の文献リスト
人から	指導教員の先生／先輩／同級生・後輩など

1　https://scholar.google.co.jp

2　http://ci.nii.ac.jp

3　https://www.jstage.jst.go.jp

4　井上 (2004) などでは図書館が提供できるサービスについてわかりやすく解説しています。

究を探しだすことができるのです。すると、なかには何度も引用、参照される先行研究もみ
つかるはずです。そのような文献は、多くの研究者が参照すべきだと判断している重要なも
のである可能性が高いので、必ず入手しましょう。ただし、先行研究から別の先行研究を探
す場合、基本的には古いものにさかのぼっていくことになります。最新の研究成果を探すこ
とには適していないことに注意してください。

　最後は、指導教員や周りの学生から教えてもらうことです。同じような関心をもっている
人からであれば、まず読んでみるべき文献などの情報を得られるかもしれません。ただし、
なんでも教えてもらうことを期待してはいけません。自分の研究関心に沿って文献を集めな
い限り、自分の研究の重要性や意義を示せるようなレビューにはなりません。

文献の探し方

　ここでは、図書館の蔵書検索システム (OPAC) やインターネットを利用した文献検索に絞っ
て、実際の検索方法について解説します。先行研究の探し方の基本方針と同じく、実際の検
索でもはじめは「広く」「浅く」探しましょう。OPAC や文献検索サイトでは、まずは関心
のあるキーワード 2 つ以内で検索してみます。具体的には研究課題での原因と結果にあたる
概念を入力してみるとよいでしょう。概念が別の表現となっていることもありえますので、
自分の使っている概念と似ている概念やキーワードでも検索を試みます。それでもうまくい
かない場合には、【準備編 10】を参考にしてください。

　文献検索システムでは、フリーワードでの検索のほかに、著者名や雑誌名、発行年などの
条件を組みあわせることができます。たとえば、文献を探すなかで最新の研究成果を整理す
る必要も生じます。そのような場合に、発行年も指定すると効率的な検索が可能になります
(例 : 2005 年以降の文献に絞る)。

　文献は、できれば学術書としてまとめられたものか、学会の雑誌を中心に検索しましょう。
文献検索の観点からは、これらの文献の「文献リスト」はよくまとまっている可能性が高い
と考えられるからです。よくできた文献リストを手に入れることで、文献検索の効率がよく
なります。文献検索システムや図書館を使って数本、数冊の文献をみつけたら、その文献の
「文献リスト」から芋づる式に文献を探し、最新の文献が必要であれば再度検索システムや
図書館を使う、というサイクルを何回か繰り返せば、ある程度網羅的に文献を容易にみつけ
だすことができます。

【参考文献】

井上真琴，2004，『図書館に訊け！』筑摩書房．

先行研究が少なすぎる・多すぎる場合には

 先行研究が少なすぎる場合

　研究にまだ慣れていないときに直面する問題の1つに、「自分の研究関心にマッチした先行研究がまったくみつからない！」というものがあります。十人十色とはよくいいますが、研究の場面ではほとんどの場合、先行研究を検索する条件を絞り込みすぎていることが原因です。たとえば、「大学生の就職活動で社会ネットワークがどのように機能しているか」を知りたいとき、文献検索サイトで「大学生　就職活動　ネットワーク」と検索すると5件しかヒットしません。これを「大学生　ネットワーク」とすると1360件、「大学生　就職活動」だと319件、「就職活動　ネットワーク」だと21件ヒットします[1]。ここで重要なことは、キーワードを3つ掛けあわせるとみつかるべきものもみつからない可能性があるということです。先行研究がみつからないと思ったときには、検索条件を広く、緩くしてみましょう。

　検索キーワードのあてはまりがよくないということも原因の1つです。上記の研究関心だと、就職活動でどのような方法、情報源を利用するのかが問題となるのですから、「ネットワーク」というキーワードを直接用いずに検索をしてみるのも1つの手です。また、「就職活動」は「就職」と「活動」の連語ですから、「就職」だけを検索語に用いれば、実質的には就職活動に関連する論文でたまたま「就職活動」という語が使われていない場合にも、文献をヒットさせることができます。表10-1は、先ほどと同じくCiNiiを用いて文献検索をおこなった結果です。「大学生　就職　情報源」で検索すると2件ですが、残りの例では「大学生　就職活動　ネットワーク」よりはヒットする文献数が多くなっています。

　以上の結果から、先行研究が少なすぎるときの3つの教訓が得られます。第一に、検索の初期段階ではキーワードは少なめにすべきだということです。いくら研究関心が明確でも、条件が厳しすぎればみつかるものもみつからなくなります。第二に、関心のある概念について別の表現や、より広い概念や表現を用いて検索すべきだということです。第三に、検索キーワードとなる概念が連語なのであれば、その一部を切り離して検索語としてみるべきだということです。第二、第三の教訓は、実質的に同じことを意味していても、表記ゆれなどにより偶然ヒットしないという問題を避けるべきだということを示唆しています。

　どう頑張っても文献がみつからない場合は、日本語文献

表 10-1　検索結果の例

キーワード群			ヒット件数
大学生	就職	情報	136
大学生	就職	方法	27
大学生	就職	紹介	15
大学生	就職	情報源	2

1　すべてCiNiiでの検索結果（2016年12月13日検索）。

だけでなく外国語の文献にも目を向けてみましょう[2]。適切なデータがないために日本国内では研究の蓄積が薄い場合でも、海外では活発に研究がなされていることがあります。Google Scholar や、大学図書館経由で利用できるデータベースを活用してみるとよいでしょう。海外では研究が進んでいるにもかかわらず日本では蓄積があまりない領域は、研究テーマの宝庫です。

 ## 先行研究が多すぎる場合

　先行研究検索のもう一方の問題は、関心のあるテーマにかかわる先行研究の数が多すぎるというものです。このような場合、どの文献から読み進めるべきか、どこまで網羅すべきか判断に困ってしまいます。このケースが生じる理由は大きく２つ考えられます。１つは研究の蓄積が厚く、多くの研究者が関心をもっているテーマだからというものです。研究の蓄積が豊富なテーマであれば、先行研究の検討は比較的容易に進みます。研究関心が漠然としている場合には、多くの研究者が取り組んでいるテーマに「相乗り」するのも１つの手です。

　このような場合は、その分野のなかで（1）出発点として位置づけられている研究、（2）多くの研究者が参照している研究、（3）最新の研究成果、に絞って先行研究を探してみましょう。そのテーマ・分野でもともとなにが問題として議論されていたのかを（1）に該当する研究で整理し、研究の流れのなかで金字塔となるような知見を（2）にあてはまる先行研究からみつけだしましょう。そのうえで、（1）、（2）の研究を批判的に発展させて現在どのような研究がなされているのかを、（3）にあたる先行研究を集めることで整理します。時系列的には（3）に相当する先行研究が一番新しいはずですから、そこから（1）、（2）の先行研究にさかのぼっていくのが効率的です。

　先行研究が多すぎるもう１つの理由は、検索条件が緩いためです。たとえば、J-Stage で「格差」というキーワードで文献を検索すると、ヒット数が２万件を超えます。社会科学の分野ではさまざまな対象、角度から格差の研究が進められていますので、「格差」というキーワード１つでは質、量ともに膨大な先行研究がヒットしてしまいます。

　先行研究が多すぎる場合には、検索対象を絞り込みましょう。上記の「格差」であれば、「どのような人たちの」格差なのか、あるいは「なにについての」格差なのかを考えて、先行研究を探しましょう。先行研究を絞り込む過程で考えたことが、研究テーマ、問いを明確にするうえで重要な視点となります。

2　ここでは英語で書かれた文献を想定しています。研究上必要であれば、それ以外の言語で書かれた文献も当然参照しなければなりません。

Chapter 準備編 9 / 11

先行研究を批判的に検討する

 「批判」は怖いことではない

　インターネット、図書館などで自分の研究に必要だと思われる先行研究を探しだしたら、自分の研究が遂行されるに値するものであることを証明するために、先行研究の検討をおこないます。そのため、そこでは先行研究の問題点を論理的に指摘しなければなりません。それが先行研究を「批判する」ことの意味です。研究の世界では、先行研究の批判的検討は敵対的なことでは決してなく、「あなたの研究をしっかり読みました」というメッセージを示す場面でもあります。そのように考えれば、むしろ先人への敬意を払っているともいえるのです。

　とはいえ、いきなり批判をするにもなにをどうすればよいのかわからないかもしれません。ここでは、先行研究の内容を検討するための観点、枠組を知り、それにもとづき先行研究を批判する方法について解説します[1]。

 先行研究を分析する

　先行研究を批判するためには、その内容を評価しなければなりません。そして、その評価はいくつかの論点からなされます。いわば、先行研究を分析するような姿勢で内容を検討します。文献をまるごと理解しようとすると大変ですが、自分がその文献のなかでとくに知りたいことについて常に意識しながら読み進めることで、文章のなかに溺れてしまうリスクも小さくなるでしょう。

　表 11-1 は、先行研究の内容を検討するために必要な論点をまとめたものです。研究分野によって多少の違いはあるかもしれませんが、計量的な実証研究をレビューする場合の基本的な内容をおさえてあります。また、No.1 〜 9 までの流れは一般的な論文の構成とほぼ対応しています。各論点を一言で要約し、それぞれの要約をつなぐと、その文献全体の要約ができあがります。少し多く感じるかもしれませんが、いくつかの先行研究を検討するうちにすぐに慣れるでしょう。内容の整理には Excel などを利用すると効率的です。

　まず、文献でなにが問われているのかをみつけだしましょう。検討対象となる先行研究が、さらに前の先行研究を適切にレビューしているかどうかも重要です。そこでの批判が不適切な場合、それ以降の議論の説得力が減じてしまいます。仮説の立て方、概念定義についても

1　ここでは Galvan（2009）を参考にしつつ、先行研究のレビューについて説明します。

適切な説明があるのかを
確認しましょう。それが
不明確な場合は、批判の
ポイントとなります。

　データ分析の部分につ
いては、サンプリングの
手続き、変数の操作化、
分析方法にかんする説明
のされ方を確認しましょ
う。研究課題に適合しな
いサンプルデータを使っ
ているならば、より適切
なサンプルによるデータ
を使うべきだという批判
が可能でしょう。変数の
操作化については、注目
する概念が適切に測定で
きているか、その測定方

表 11-1　先行研究を検討する枠組みの例

No.	論点	具体的に確認すべき点の例
1	その文献の問い（研究課題）はなにか？	検証可能か？
2	その研究は先行研究との違いをどのように位置付けているか？	先行研究批判は適切か？
3	問いに対する仮説はなにか？	検証可能か？ 仮説が導出される論理は明確か？
4	問いと仮説を構成する概念（用語）はどのように定義されているか？	定義は明確か？
5	調査対象（者）どのように選び出されたのか？	対象者はどのような人々か？ 問い・仮説に合った対象者か？ 分析結果に影響を与える偏りはないか？
6	概念はどのように測定されているか？	質問文や測定方法に問題はないか？ もとの概念と齟齬はないか？
7	どのような分析方法が用いられているか？	その分析方法の利点・弱点はなにか？ 仮説検証に適合的か？
8	主要な分析結果はなにか？	分析結果の図表の内容は本文の説明と整合的か？ 分析結果中に怪しい箇所はないか？
9	その文献の結論はなにか？	仮説の検証結果から大きく飛躍していないか？ 当初の問いに答えることができているか？ 分析結果と著者の主張は区別されているか？

法が安定的なものか、について説明があるか注意してみましょう[2]。分析方法にかんしては、
仮説、そして上述のデータ、変数の特徴にマッチしたものであるかに着目して該当箇所を読
んでください。

　分析結果は実証研究論文の核となる部分なので、とくに注意深く読んでください。分析結
果の図表の内容が本文の説明に合致するか、また図表の記載内容自体に疑うべき点がないか
どうかをチェックしましょう。結論部分は、当初立てた問いに対する答えが提示されている
かがまず重要な点です。分析結果の説明と著者の意見、主張がきちんと区別されて論じられ
ているか、また両者の間に論理的に大きな飛躍がないかどうかに注意しましょう。

　上記の論点にかんする一つひとつの注意深い確認作業が、先行研究の分析です。これを複
数の先行研究について繰り返し、先行研究の検討結果を総合することで、これまでの研究に
よる到達点と未踏の課題が洗いだされることになるのです。

【参考文献】

Galvan, Jose L., 2009, *Writing Literature Reviews,* 4th ed., Glendale: Pyrczak Publishing.

2　前者を外部妥当性（一般的妥当性）、後者を内部妥当性（信頼性）とよびます。たとえば、収入にかんする正確なデー
　タが別にあるとして、社会調査で得られた収入にかんする回答データと正確なデータに齟齬がなければ、得られたデー
　タの外部妥当性は高いといえます。一方内部妥当性が高い場合とは、同じ概念を測定している項目については同じよ
　うな回答が得られることを指します。

知見をまとめて課題をみつける

 先行研究の検討に用いた論点ごとに文献を整理する

　先行研究の検討が進むと、自分の研究テーマについて取り扱われてきた問い、仮説、データ、変数、そして明らかにされた知見が蓄積されてきます。個別の先行研究の検討では研究ごとに論点を整理していましたが、この段階では逆に論点別に先行研究を整理します。

　研究課題にかかわる部分では、どのような問いが立てられてきたのかを分類してみましょう。それらに対し、どのような仮説が準備され、その仮説がいかなる論理で組み立てられているのかをまとめます。「理論的検討」とよぶと非常に難しいものにみえてしまいますが、仮説が論理的、説得的なものであるのかを一つひとつの先行研究の検討を通じて地道に評価すればよいのです。そのなかで、複数の仮説の（対立）関係も明らかになってきます。

　分析にかかわる部分では、どのようなデータと変数が、どのように分析され、なにが明らかにされてきたのかをまとめましょう。完璧なデータ、変数や分析は通常ありえず、どの研究にもなんらかの限界があります。その点を指摘して新たな研究課題を提示することも、戦略の1つだといえます。

 多くの研究で合意が得られている点を明らかにする

　論点ごとに先行研究を整理、分類し終えたら、なにについてならどの研究でもほぼ同じことが論じられているのかを明らかにしましょう。それが、先行研究の到達点にあたります。

　先行研究の到達点では、それにしたがう道と逆らう道の2通りがあります。先行研究の議論、知見にしたがうということは、それらを自明のものとして自分の研究で受け入れることを意味します。多くの研究で同じことが報告、議論されていて、それらを自分の研究での前提に据えることとなりますから、先行研究の到達点を再検討することに独創性はありません。せいぜい、自分が用いるデータでも先行研究の結果が同じように出るのかを確認するくらいです。そのうえで、先行研究ではまだ検討されていない部分に取り組むことでオリジナルな研究を展開することになります。

　先行研究の到達点に逆らう場合、相当の知的努力が必要です。多くの先行研究が繰り返し指摘していることを覆そうという試みは大胆なもので、成功すれば研究分野のブレークスルーとなります。しかしながら、そのために考慮すべき理論的、方法論的課題は膨大なものです。まずは先人の研究成果に沿いつつ、小さくとも新しい課題を解決することが現実的であり、その研究分野全体に対しても有益だといえるでしょう。

先行研究間での知見の不一致やすき間を明らかにする

　無理やり到達点に反抗しなくとも、先行研究の間ではなんらかの論争や知見の不一致、具体的な研究課題として手のつけられていない部分があります。合意が得られている部分をみつけだす作業は、逆にいえば合意にいたっていない部分をあぶりだす作業でもあるのです。

　比較的容易なのは、先行研究間のすき間を埋める作業です。つまり、先行研究ではまだ検討しきれていない部分に挑戦することを意味します。ある要因がひとびとの幸福感を高めることは多くの実証研究で指摘されているが、そのメカニズムについては不明な点が多いというケースを想定しましょう。その場合、その要因と幸福感の関係を媒介する別の要因を明らかにすることが、新しい研究課題の1つとして立ち現れてきます。少人数のインタビュー調査の知見を、より代表性の高い大規模サンプルを用いた計量的な実証研究によって再検討することも、知見の妥当性にかんするすき間を埋める作業にあたるでしょう。

　先行研究間での知見の不一致に着目する場合は、研究上の論争に対しなんらかの貢献をなすことによって、研究の新規性、独創性を主張することになります。この場合には、対立しあう立場のなかでいずれかに属して他の立場と正しさを争うという方針と、知見の対立の原因を特定して研究の流れを統合するという方針が考えられます。前者の方針ならば、自分の拠って立つ理論、仮説の正しさ、そして他の枠組みの論理的、実証的な問題点を説得的に論じることで、自身の研究の意義を明らかにしましょう。後者の方針であれば、知見の不一致の原因となる理論的、あるいは方法論的な要因を論理的に説明し、「それを考慮した自分の研究ならば、より統合的な観点から問いに答えられる」ことを主張しましょう。

 ### 知見の不一致やすき間のなかから研究課題をみつける

　先行研究の間での不一致や未検討である部分のなかから、自分が取り組んでみたい課題を決めましょう。この間、先行研究の検討と問い、仮説の設定を何度も行き来することになるでしょう。ここで改めて注意しなければならないのは、研究課題は試験問題のようにあらかじめ存在しているわけではなく、先行研究批判を通じて自らみつけださなければならないということです。研究においてもっとも難しく、また重要でもある研究課題の設定を丁寧におこなえば、その後の研究でもそう簡単には挫折しないでしょう。

調査方法の設定

 さまざまな質問紙調査の方法

　取り組むべき研究課題を定めたところで、今度はその課題を達成するためのデータを手に入れなければなりません。せっかく立てた問いや仮説も、データを用いて検証しなければ説得力に欠けてしまいます。では、どのようにしてデータを収集すればよいのでしょうか。ここでは、後の計量分析につながる質問紙調査に焦点をあてて、調査方法の設定について概観します[1]。

　質問紙調査の方法は、2 種類の観点から分類されます。1 つは、質問への回答をだれが記録するのかというもので、自記式調査と他記式調査に分かれます。自記式調査とは、調査対象者自身で質問への回答内容を質問紙に記入する調査のことです。それに対して他記式調査とは、調査対象者が口頭などで回答した内容を、一定の訓練を受けた調査員が質問紙に記入する調査のことをいいます。

　もう 1 つの観点は、質問紙をどのようにして調査対象者に配布するかというものです。これには大きく 5 つの種類があり、個別面接法、留置法、郵送法、集合法、電話法があげられます。近年では、これらに加えてウェブ（インターネット）による方法も増えています（長崎 2008）。個別面接法は調査員が対象者のもとを訪問し、その場で回答を得る方法です。留置法は調査員が対象者を訪問するまでは個別面接法と同じですが、質問紙を対象者に預けて回答してもらい、一定期間後に質問紙を回収しに再度訪問するという点で異なります。郵送法は調査員が対象者を訪問することなく、郵送で質問紙を配布する方法です。対象者は質問紙に回答を記入し、同封された返信用封筒で返送します。集合法は、調査対象者に特定の時間帯、場所に集まってもらい、その場で質問紙に回答を記入してもらう方法です。電話法は、調査対象者の自宅に電話をかけ、電話越しに質問と回答のやりとりがおこなわれる方法です。最後にウェブ調査ですが、これは対象者に回答用のウェブページの URL を通知し、パソコンやタブレット、スマートフォンなどで質問に答えてもらうものです。2015 年国勢調査ではインターネット回答が実施され、話題となりました。各方法のメリット、デメリットについては、社会調査法にかんするテキストを参照してください（轟・杉野編（2013）など）。

　一般的には個別面接法と電話法が他記式調査、残りの方法が自記式調査に分類されますが、近年はセンシティブな質問や調査員の記入ミスへの対応などの観点から、コンピュータを活用した調査方法も採用されています。タブレットなどの携帯端末の普及により、個別面接法

1　同じ計量分析でも、国や都道府県データなど、社会調査にはよらないデータの分析もあります。一般的にこれらをマクロデータとよびますが、マクロデータの収集については【調査編 4】で触れるにとどめます。

だけれども回答はコンピュータにより対象者自身でおこなう CASI (Computer-Assisted Self-Interviewing) が用いられることもあります[2]。

 ## ② どの方法がよいのか

　質問紙調査の方法にさまざまなものがあることはすでにみたとおりですが、どの方法がもっとも望ましいかは一概にいえません。調査員が質問をおこなうため、質が高く、回収率も平均的には高いという意味で、個別面接法は望ましい方法だといえます。しかし、個別面接法では多くの調査員を長時間動員することになりますから、人件費をはじめ多大な費用がかかります。予算規模の大きなプロジェクトでもない限り、十分な標本規模で個別面接法を実施することは現実的ではないでしょう。

　実際には、調査を実施するうえでの予算、時間、労力の制約をふまえながら、企画、設計、実査、データ入力、分析、論文執筆までのスケジュールを所定の期間内に終えられるように、調査方法を選択することになります。社会調査を網羅しているとはいい切れませんが、表13-1にあるように、電話法や郵送法の回収率が相対的に低いにもかかわらず採用されやすい方法であるのは、調査を実施するにあたり費用が比較的低いからだということが主要な理由の1つです。

表 13-1　世論調査の数と回収率の平均

	調査数	平均有効回収率（％）
郵送法	550	60.4
電話法	154	58.7
個別面接法	136	74.2
2つ以上の方法を併用	77	72.2
集団記入法	42	81.4
訪問留置法	31	78.0
その他	2	82.8
計	992	64.4

※平成26年度版『全国世論調査の現況』の「平成25年度主要世論調査一覧」より筆者作成。
※収録されているのは、標本規模が1000人以上で回収率が50%以上の調査。
※「個別記入法」と「個別面接聴取法」は、「個別面接法」にまとめた。

【参考文献】

長崎貴裕，2008.「インターネット調査の歴史とその活用」『情報の科学と技術』58 (6): 295-300.
轟亮・杉野勇編，2013.『入門・社会調査法［第2版］——2ステップで基礎から学ぶ』法律文化社.

2　ほかにも調査員の回答記入支援のための CAPI (Computer-Assisted Personal-Interviewing) や CATI (Computer-Assisted Telephone-Interviewing) があります。

Chapter 調査編 2 14

調査にかかるコストを見積もる

① 調査にかかるコストの中身

【調査編 1】では、調査方法の選択には（金銭的な）予算、時間、労力の制約を考慮する必要があると述べました。調査にかかるコストは、大きくこれら 3 つから構成されることになります。ここでは、それぞれのコストについてどのような観点から見積もりを立て、実現可能な調査を企画・設計するのがよいのかについて解説します。

② 調査にかけられる予算を見積もる

調査を実施するには予算（お金）が必要です。予算としてなにを計上しなければならないのかは、調査方法と標本規模により異なります。標本規模とは実際に調査対象となるひとびとの数を意味します。

自記式調査をおこなう場合は、計画標本規模分の質問紙の冊子を準備しなければなりません。白黒コピーが 1 枚 10 円だとして、8 ページの質問紙を 100 名分準備しようとするだけで 8000 円の費用がかかります。個別面接法の場合には、調査員の人件費を計上しなければなりません。1 人の調査員に何名の対象者を割りあてるのかにより人件費は変わりますが、100 名の対象者を 5 名の調査員で分担すると 1 人あたり 20 名を担当することになります。質問内容にもよりますが、少なくとも 1 人あたり 20 分ほどかかると見積もると、1 人の調査員は約 400 分間調査に従事することになります。自記式調査に比べ、数倍の経費がかかることは明らかです[1]。電話法の場合は人件費と通信費を見積もっておく必要があります。

また、自治体住民を対象とする無作為抽出調査（くわしくは【調査編 7】を読んでください）を実施するためには住民基本台帳の閲覧が必要となり、閲覧料が生じます。閲覧した台帳から対象者を無作為に選びだし、リストに転記する作業が発生するので、そのための人件費と移動にともなう交通費もかかります。

ほかにも、調査にあたっての事前のあいさつ（依頼）状の印刷代や、郵送調査の場合は返信用切手貼付済みの封筒代を計上する必要があります。そのほか、調査対象者に謝礼を贈呈する場合にはその費用も準備しなければなりません。タダでおこなえる調査など存在しないことを十分に理解し、調査をきちんとやろうとするとどのくらいの予算がかかるのかを考えてみましょう。調査費用の試算例については、盛山（2004：64-65）が参考になります。

---

1 実際には移動時間とそれにともなう交通費や、接触できなかった対象者を再度訪問するときの日当が発生するため、調査員にかかる経費はもっと複雑で、高額になります。

調査にかけられる時間を見積もる

　お金が足りない場合には、手間（テマ＝労力）と隙（ヒマ＝時間）をかけなければなりませんし、そうでなくとも効率的な手間隙のかけ方を心がけなければなりません。そのうち時間については、調査を企画してから分析可能なデータセットを作成するまでの無理のない予定を立て、調査を進める必要があります。標本規模や調査方法、質問内容や質問の数にもよりますが、新しく調査をおこなうには少なくとも数か月の時間を要します。

　予定を立てる場合には、分析できるデータを完成させなければならない期日から逆算して、時間の割りあてをおこないましょう。予定の例が盛山（2004：66）などで示されていますが、実習や卒業研究の場合には限られた時間を各作業に効率的に割りあてなければなりません。とくに、調査対象者への依頼や実査にかかわるところでは、突然相手のところに押しかけるような失礼が生じないよう、注意しなければなりません。たとえば実習や卒業研究で他の授業に出席している学生に調査をおこなう場合には、実査予定日の2、3週間前には事前にその授業の担当教員に依頼をおこなう必要があるでしょう。それは、それまでに質問紙や質問事項が確定していなければならないことを意味します。

 ## 調査にかけられる労力を見積もる

　調査の各作業にかかる時間を見積もるときには、その作業に何人が関与するのかを考慮しましょう。たとえば200人分の回答をデータ入力するとき、ダブルチェックを含めるならば延べ400人分の入力作業が発生します。1人分の入力に2分間かかるとすると、全体で800分間、つまり13時間超の作業時間がかかります。1日の作業時間を6時間とすると、2日間以上の仕事になります。データ入力作業を1日で終わらせたいならば、余裕をもたせて3名の作業者が必要になるでしょう。労力の見積もりを立て、だれかに協力をお願いしなければならない場合は、事前に協力依頼をおこなわなければならず、その調整期間も当然調査スケジュールに含まれていなければなりません。

【参考文献】

盛山和夫，2004，『社会調査法入門』有斐閣．

一次分析と二次分析

 二次分析とは

　一次分析とは、調査を企画・実施した主体が、当初の目的や問題関心に即しておこなうデータ分析のことをいいます。実習や卒業研究で実施した調査で得られたデータを自分で分析することは、一次分析に分類されます。

　それに対して二次分析とは、当該調査に関与していない主体が、独自の視点でおこなうデータ分析のことをいいます。たとえば、すでに実施された調査データをデータアーカイブ、指導教員の先生などから借り受けて分析することは、二次分析に分類されます。データアーカイブのことは【調査編5】で説明します。

　一次分析と二次分析の関係はしばしば流動的で、その定義については議論があります (Smith 2006)。しかし、重要なことは両者を厳密に区別することではありません。自分でおこなう調査研究（一次分析）の質を高めるためにも二次分析が有効であり、逆に質の高い一次分析データが生みだされることで、今度は多くの人が質の高い二次分析をおこなえるようになるという好循環が、両者の関係に期待されていることなのです。

 二次分析の意義

　二次分析の意義にはさまざまなものがありますが、研究遂行上のコストの低さは重要な点です。【調査編2】で述べたとおり、調査にかかるコストは小規模なものでも低くはありません。とくに十分な資源をもたない若手研究者や学生にとって、二次分析は良質な大規模調査データを扱える貴重な機会となります。調査の企画・実施をおこなうと、しばしばデータ分析に十分な時間を割けないという問題も生じますが、二次分析の場合はすでにデータが存在するわけですから、データ分析にかける時間を十分にとれます。

　研究課題によっては、二次分析でなければならないものもあります。過去の社会について実証分析をおこないたい場合、調査をおこなうことが不可能だからです。注目していることがらにかんする長期的な推移を分析したい場合には、二次分析をおこなうしかありません。

　調査・研究倫理の観点からも二次分析は重要だと考えられています。日々さまざまな主体により大量の調査が実施されていますが、その負担は調査対象者にもかかります。不要不急の調査を抑制し、必要十分な調査を実施していくことは、調査全体への信頼にもつながります。また、分析結果の再現性は個票データとその分析方法が公開されることで担保されます。実証研究への信頼を保つために、二次分析環境は重大な貢献をなしています。

二次分析の方法と作法

　二次分析は先に述べたとおり多くの利点をもっていますが、批判もあります。もっとも頻繁になされる批判は、「その調査について十分理解せずにデータ分析をすることで、誤った結果、解釈を導きだす」というものです。この点については、批判する側の二次分析に対する誤解や過剰な懸念もあると考えられますが、完全に間違っているともいい切れません。

　調査主体による一次分析では、調査票内容の検討をはじめ、実査、データ作成の現場に関与していますから、データの「クセ」を含め多くのことをふまえたうえで分析がおこなわれます。しかし、二次分析ではそれがわかりません。そのため、二次分析をおこなうときには調査主体以上に調査票やコードブック、報告書を熟読し、質問事項やデータにかんする誤解が生じないように努めなければなりません。

　また、データのクレジットを明記することで調査主体への敬意を論文上で示すことも重要です。二次分析環境の普及にともない、データを使えることが当たり前になりつつあります。しかし、何度も繰り返しますが調査には多大なコストがかかっています。調査主体の努力を無視するようなことは厳に慎まなければなりません。

 一次分析への活かし方

　適切な手続きをふんで二次分析をおこなえば、独自に調査を企画する場合に大変有益です。【準備編5】で触れた作業仮説を既存データの二次分析で再検証することで、実際に調査をおこなうとどのような結果がでるのかについて、事前にアタリをつけることができます。報告書や一次分析の論文集でも多少の情報を得られますが、個票データを用いるほうが望ましいのは明らかです。新しく調査をおこなうときに、より踏み込んだ設計を立てる可能性も開かれます。質問項目を適切に引用することで、質問紙作成のコストも節約できます。

【参考文献】

Smith, Emma, 2006, *Using Secondary Data in Educational and Social Research*, Berkshire: Open University Press.

公的統計を探す

Chapter 調査編 4　16

 ## 1　マクロデータ検討の重要性

これまで言及していた調査データとは、「ミクロデータ」(個票データ) のことを意味しています。調査対象者から得られた1票の情報が、そのまま利用できるデータのことです。これに対して「マクロデータ」とは、国レベルや自治体レベルで集計されたデータのことを指します。

国や地方自治体が業務上の必要から調査を実施し、その調査データから作成された統計を公的統計や官庁統計とよびます (後藤　2014)。現在では公的統計のもととなる個票データの二次利用も一定条件のもとで可能になっていますが、多くの場合公的統計はマクロデータとして利用されます。ここで「マクロデータ」とよぶ場合、公的統計のこととして解説を進めます。

実証研究をおこなうときには、マクロデータの検討が不可欠です。そのときどきの社会状況を概観するうえで、マクロデータがもっとも信頼できるからです。第一に、マクロデータは非常に大きな標本から作成されています。数十万以上の大きさの無作為抽出標本から集計がおこなわれていますので、一般的な社会調査にくらべて誤差が非常に小さいことが利点です。第二に、重要な公的統計は定期的に作成されますので、関心のある事項にかんする長期的な推移をみることができます。第三に、公的統計のなかには国際比較が可能なようにデータベース化されているものもあります。日本社会を対象とする研究の場合、第二の点は時系列的に、第三の点は国際的に日本社会の状況を位置づける場合に役立ちます。

卒業論文の序章 (あるいは第1章) や研究論文の序論で論じなければならないことの1つは、研究対象となる社会の今日的、あるいは歴史的状況です。たとえば、「日本では若者の失業率が上昇したが、誰もが失業リスクが高くなったのか、特定集団の失業リスクの高まりが反映されているのかは明らかではない (だから自分が研究する)」という問題の背景を述べる際に、研究実施時点での最新の失業率の情報だけでは、「失業率が上昇した」ことを示せてはいません。このような場合、マクロデータを用いて失業率の推移を図表で示すことで、問題設定の妥当性を担保する必要があります。マクロデータを活用して研究対象となる社会状況をうまく整理し、問題設定の妥当性とリアリティを高められるように工夫しましょう。

 ## 2　トピックごとにみた代表的な公的統計

表16-1は、とくに社会調査のテーマにも入りやすいと考えられる3つのトピックについて、代表的な公的統計をリストしたものです。下線が引かれている調査は基幹統計とよばれ、統

計法上の定めや総務大臣の指定がある重要な統計調査として位置づけられています。国勢調査は他の調査のベンチマークとなるべき調査でもあり、人口やその属性別構成を知る際には必須のマクロデータです。少子高齢化の問題や外国人の受け入れ問題も議論されるよう

表 16-1　代表的なマクロデータ

人口・世帯・家計の動静	雇用・労働・賃金	学校教育・文化
・国勢調査	・労働力調査	・学校基本調査
・人口動態調査	・就業構造基本調査	・社会生活基本調査
・国民生活基礎調査	・民間給与実態統計調査	
・家計調査	・毎月勤労統計調査	
・在留外国人統計	・賃金構造基本統計調査	
・21 世紀出生児縦断調査	・雇用動向調査	
	・職業安定業務統計	
	・高等学校卒業（予定）者の就職（内定）状況に関する調査	
	・大学、短期大学、高等専門学校及び専修学校卒業予定者の就職内定状況等調査	

※ e-Stat 掲載の情報から筆者作成。

になり、人口動態調査や 21 世紀出生児縦断調査、在留外国人統計の利用頻度も高まっています。雇用や労働の状況を概観するときには、毎月行われている労働力調査や 5 年に 1 度の就業構造基本調査が参照されます。学校教育にかんすることは学校基本調査、生活時間や生活行動（趣味や学習活動など）の分布を知りたい場合には社会生活基本調査が適切なマクロデータです。

 ## 3 公的統計の探し方

　表 16-1 にリストしたマクロデータを含め、国がおこなった調査のマクロデータは e-Stat（イー・スタット）で入手できます[1]。トップページから関心のあるキーワードで検索をおこなうことができ、必要なマクロデータについては集計表をダウンロードできるほか、e-Stat 上で集計表やグラフを作成することもできます。そのほか、OECD[2] や世界銀行[3] など国際機関から、各国の主要マクロデータを入手することができます。

【参考文献】

後藤範章，2014，「統計法・統計制度と主な公的統計」社会調査協会編『社会調査事典』丸善出版，654-657.

1　http://www.e-stat.go.jp/

2　日本語サイトの URL は http://www.oecd.org/tokyo/statistics/

3　日本語サイトの URL は http://www.worldbank.org/ja/country/japan/brief/opendata

社会調査データを探す

 1 データアーカイブの活用

　二次分析のため、あるいは既存調査について調べるため、データアーカイブ（レポジトリ）を利用することができます。データアーカイブとは、社会調査によるミクロデータを収集、整理、保管し、二次分析のために個票データを提供する機関のことです。日本では組織的なデータアーカイブの設立が立ち遅れていましたが、1998年に東京大学社会科学研究所附属日本社会研究情報センター（2009年4月より社会調査・データアーカイブ研究センター）がSSJデータアーカイブ（SSJDA）の運営を開始して以来、公開データの増加とともに二次分析環境が急速に整備されてきました。現在では、日本国内の他の大学、研究機関でもデータアーカイブが運営されるようになってきました。

　二次分析のためにデータを入手するほかに、データアーカイブのデータベースからさまざまな調査を検索できます。データアーカイブはミクロデータの提供のほか、その準備のために当該調査にかんする情報（メタデータ）や質問紙、コードブックなどを整理しています。メタデータのデータベースから自分の関心に近い調査を探しだし、関心のある質問を引用することで、調査票設計を効率化できます。また、メタデータの各項目は調査設計上重要なものばかりですので、自分で調査を企画する場合になにについて考えなければならないのかがわかります。アーカイブから提供されたデータによる二次分析論文のリストも公開されていますので、先行研究を探すときの助けにもなります。

 2 データアーカイブから利用できる代表的な社会調査データ

　表17-1は、データアーカイブから利用できる代表的な社会調査データの例をリストしたものです。SSM調査は1955年以来10年おきに実施されている、社会移動や社会階層、社

表17-1　代表的な社会調査データ

調査名（カッコ内は略称または通称）	個票データが入手可能な機関
社会階層と社会移動全国調査（SSM）	SSJDA
日本版総合社会調査（JGSS）	ICPSR（アメリカ）、ZA（ドイツ）、SSJDA
全国家庭調査（NFRJ）	SSJDA、ICPSR
消費生活に関するパネル調査（家計研パネル）	家計経済研究所
社研パネル調査（JLPS）	SSJDA
投票行動の全国的・時系列的調査研究（JES）	SSJDA、投票行動研究会ウェブサイト
日本家計パネル調査（JHPS／KHPS）	慶應義塾大学パネルデータ設計・解析センター
国際社会調査プログラム（ISSP）	ZA

会的不平等にかんする、日本を代表する調査です。個人の詳細な職業経歴について、長期的な視座から研究が可能であるのは、日本のデータでは SSM をおいてほかにないでしょう。JGSS は予備調査を除けば 2000 年より定期的に実施されている調査で、SSM と比べて幅広い分野の研究者が利用できるような質問設計となっています。NFRJ は日本の家族の動向を把握するうえで重要な社会調査として位置づけられています。

　SSM、JGSS、NFRJ は横断調査データ（クロスセクション・データ）とよばれ、ある時点でのひとびとにかんする調査データです。近年では日本の全国調査でもパネル調査とよばれる方法が定着してきました。パネル調査とは、ある時点で選ばれた調査対象者について、その後定期的に追跡調査をおこなう方法です。パネル調査の手法により、ひとびとのライフコースや生活意識の変化、あるいはそれらの関係について詳細な検討を加えることが可能になりました。家計研パネル、JLPS、JES、JHPS/KHPS などが代表的なパネル調査として用いられています。

　日本国内のデータアーカイブから現在は入手できませんが、国際比較調査としては ISSP (International Social Survey Programme) が有名です。毎年さまざまなテーマで国際比較調査がおこなわれており、ドイツの GESIS のデータアーカイブ（ZA）からデータが利用できます。JGSS にも他の東アジア地域で行われている同様の調査との共通質問があり、EASS (East Asian Social Survey) が利用できます[1]。

3 社会調査データの探し方

　上記の社会調査データをはじめ、各データアーカイブからはさまざまな調査データが公開されています。日本国内最大の SSJDA では、SSJDA Direct の「データ検索」から公開データを、「成果物検索」から二次分析論文を検索することができます[2]。世界最大のデータアーカイブである ICPSR ではデータ入手のほか質問検索（クエスチョン・バンク）も可能ですが、ICPSR に加盟している大学のネットワークからでなければ利用できません。

　ミクロデータの入手にあたっては、各データアーカイブの利用条件を十分に理解し、アーカイブが定める利用誓約事項を遵守しましょう。とくに研究に慣れていない学生については、いきなりデータアーカイブにデータ利用申請をするのではなく、事前に指導教員の先生などに相談し、指導のもとでデータアーカイブを利用するようにしましょう。

1　ウェブサイト URL は http://eassda.org/

2　https://ssjda.iss.u-tokyo.ac.jp/Direct/

調査対象の設定（1）： 母集団と全数調査・標本調査

 誰に対して質問するのか

　【準備編5】までのプロセスで研究テーマが定まり仮説が構築できたら、次に考えなければならないのは、その仮説を検証するための質問をだれにするのかということです。【準備編5】であげた概念仮説「配偶関係により性別役割意識の強さが異なる」を例に考えてみましょう。

　この仮説を検証するために、最低限質問紙に盛り込まなくてはならないのは、「配偶関係」と「性別役割意識」にかんする質問項目です。これらについての具体的な質問項目の作り方は【調査編9〜11】で解説しますが、ここで大切なのは、それぞれの質問項目に対するひとびとの回答を予想することです。たとえば高校生や大学生にこれらの質問をしてみたとします。すると、「性別役割意識」は強いひとも弱いひともいて、それなりのバリエーションが確認できるでしょうが、「配偶関係」についてはほぼすべてのひとが未婚であり、結果として「配偶関係により性別役割意識の強さが異なる」という仮説は検証できません。これは「未婚者」と「既婚者」の比較ができないためです。それでは調査対象を「成人の男女」としてはどうでしょうか。これなら「未婚者」と「既婚者」はもちろん、「離別」や「死別」を経験したひとたちの回答も調査データに入ってくるでしょう。しかしここでも注意が必要です。「性別役割意識」は年配者ほど強くなることが経験的に知られていますから、幅広い年齢層を対象にすると、「配偶関係」と「性別役割意識」の純粋な関係を調べようとしても、そこに年齢の影響が混ざってきてしまうのです。このような場合には、あらかじめ関心のある特定の年齢層にターゲットを絞って調査をおこなうことで、年齢の影響を除去できます[1]。【調査編2】で解説したコストの面からみてもこちらのほうが得策でしょう。

　このように、調査対象の設定にあたっては、ひとびとがもっている属性（性別、年齢、居住地域、配偶関係、職業、学歴など）に着目しながら、仮説の検証がもっともスムーズかつ適切におこなえる条件をイメージしましょう。そして、その条件にみあったひとびとからなる集団を調査対象とするのです。

1　年齢の影響が混ざること自体は悪いことではありませんし、後で説明する重回帰分析では年齢の影響を統制することもできます。

全 数 調 査

　調査対象となりうる条件を備えているひと全員に実施する調査を全数調査または悉皆調査といいます。全数調査はその性質から、調査から得られた結果は疑いようのない真実といえます。その点で、全数調査は単純明快で説得力のある調査方法です。しかし、たとえば調査対象の条件を「20 〜 39 歳の日本国内に居住する日本人男女」とするとどうでしょうか。国の統計によると、この条件にあてはまる人数は 2016 年 12 月現在で 2752 万 5 千人です。全数調査となると、金銭・時間・労力のすべての面で非現実的だといわざるをえません。ここからは程度問題になりますが、「○○大学卒業生全員」という集団でさえ、全数調査となると多大なコストがかかることを容易に想像することができるでしょう。このような理由から、全数調査は、たとえば「□□社の社員全員」「△△セミナーの受講者全員」「○○大学 1 年生全員」などのような比較的小規模な集団に対して実施されることが多いのです。

　なお、日本においてもっとも有名でかつ最大規模の全数調査は、5 年に 1 度実施される国勢調査です。1 回の国勢調査の実施には、600 億円以上の経済的コスト、約 70 万人の調査員という人的コストを必要としています。

 ## 標 本 調 査

　一方、調査対象の条件を満たすひとびとの集合が比較的大きな場合には、標本調査とよばれる方法を用います。また、この調査対象の条件を満たすひとびとの理論的な集合のことを目標母集団とよびます。

　標本調査では、目標母集団の一部を標本（サンプル）として抜きだし、その標本に対して調査を実施することで仮説の検証を試みます。しかし標本から得られた情報は、その標本に由来するものであり、目標母集団のことを直接的に反映しているとはいえません。たとえば、標本に含まれたひとびとの、なにかについての肯定意見が 30% だったとしても、母集団ではそうではない可能性はいくらでもあるからです。そこで全数調査に対して標本調査では、結果の確からしさを知るため、標本から得られた情報をもとに目標母集団の状態を統計的に推測するというプロセスが追加されます。この統計的推測は、統計的推定と統計的検定に分けられますが、前者は標本調査の結果から母集団の結果を推定すること、後者は母集団の結果についての仮説の真偽を標本調査の結果から判定することを指します。

調査対象の設定（2）:
有意抽出と無作為抽出

 標本を抽出する

　標本調査をおこなうにあたって、目標母集団から標本を抜きだす作業を標本抽出（サンプリング）といいます。その際に必要となるのが、目標母集団に含まれるひとびとのリストです。具体的には「○○市民の□□についての意識調査」であれば○○市民の名簿があればよいことになり、行政が管理している住民基本台帳などがそれにあたります。

　標本を抽出する方法は、次に説明する有意抽出法と無作為抽出法の大きく2つに分けられます。

 有意抽出法

　有意抽出法とは、母集団において代表的あるいは典型的と考えられる集団を標本として抽出する方法です。たとえば「○○市の環境問題についての意識調査」を実施するとします。このとき、「○○市の環境問題として重要なのは、ごみの焼却炉から出る煙の問題だから、施設周辺の住民を対象に調査をしよう」と考え、「施設から半径1キロ以内にある住宅」を標本とするというようなやり方が有意抽出です。一見すると、よく考えられていて合理的な標本抽出だと思えるかもしれませんが、実はここには2つの落とし穴があります。

　1つ目は、「○○市の環境問題＝焼却炉の煙」ととらえている点です。最初から「○○市のごみ焼却炉の煙問題についての住民意識調査」ならばそれほど問題ではありませんが、広く「○○市の環境問題」といったとき、それがすべての住民にとって焼却炉の煙を意味するわけではありません。ひとによっては路上のごみ問題だったり、河川の水質問題だったりするかもしれませんから、主観的な判断によって焼却炉の煙問題としてしまうのは、「○○市の環境問題」の本質を見失ってしまう可能性があります。

　2つ目は、「施設から半径1キロ以内にある住宅」という点です。確かに焼却炉の煙は施設から近い住居により強い影響を及ぼすでしょう。しかし風向きによって煙がある方角に流れやすかったりすると、単純に半径1キロ以内としてしまうのは問題がありそうです。

　この2つの点は、いずれも調査者の恣意的な判断にもとづく標本設計という点で共通しています。有意抽出の際にはとりわけ1つ目の点が問題になることが多く、代表的あるいは典型的と考えられる集団だと調査者が判断しても、その思考のプロセスにおいて主観が入り込

んでしまうことを排除できないのです。このような理由から、有意抽出法による標本設計はできるだけ避けるべきだといえるでしょう。

 ## 3 無作為抽出法

　無作為抽出法とは、母集団から標本に含まれる個体をくじ引きのような方法で、無作為に抽出する方法です。くじ引きのような方法というのは、どの個体（個人、世帯など）も標本に含まれる確率が等しいという意味です。たとえば「○○市の環境問題についての意識調査」の実施にあたって、20歳以上の市民（合計10万人）を母集団にするとします。計画する標本の規模を2000人とすると、10万人のなかから2000人を無作為に選ぶということになります。実際には非現実的でできませんが、イメージとしては、10万本のくじ（そのうち当たりが2000本）を用意し、10万人全員に引いてもらい、当たりを引いた人を標本に含めるということです。無作為抽出で作成された標本は、母集団をよく反映することが知られており、結果として標本調査であっても精度の高い調査結果が得られます。

　それでは、どのような方法で無作為抽出をすればよいのでしょうか。一般に「無作為に」ということは「でたらめに」と考えられがちですが、本当に無作為に（どの個体も標本に含まれる確率が等しくなるように）するためには、確立された手順をふむ必要があります。

　もっとも単純な無作為抽出の方法は、その名のとおり、単純無作為抽出法とよばれる方法です。これは母集団に含まれるひとびとのリストを用いて、そこに記載された全員に一連の通し番号をつけ、乱数表によって発生させた乱数にしたがい、個体を選んでいくという方法です[1]。

　しかし標本規模は2000人ということですから、2000回乱数表とリストを行ったり来たりするのは相当煩雑な作業ともいえます。このような理由から、母集団に含まれるひとびとのリストが大規模な場合は、単純無作為抽出法も残念ながら現実的ではありません。そこで代替されるのが系統抽出法とよばれる方法です。系統抽出法は、最初の1個体のみを無作為に抽出した後、そこから一定の間隔で個体を選び、設定した標本規模になるまでそれを続けます。一定の間隔とは「母集団の個体数÷標本規模」とするのが一般的で、この例では50ということになります。したがって、最初の番号が1234だった場合は、1284、1334、1384…と抽出し、リストの最後に来たら最初に戻って抽出を続けます。こうしてできあがった標本は、リストにまんべんなく散らばった個体から構成されており、母集団をよく反映するものといえるでしょう。

1　乱数表に限らず、Excelなどを用いて乱数を発生させることもできます。

 調査編 8

調査対象の設定（3）：
多段抽出と層化抽出

 母集団が大規模な場合

【調査編7】で説明したように、単純無作為抽出法であっても系統抽出法であっても、母集団の全個体が記載されたリストが必要になります。ここでは、そのリストについて考えてみましょう。いま、先の例に引き続き「○○市の環境問題についての意識調査」を実施しようと思います。そのときに有効なリストとして○○市の住民基本台帳などがあげられますし、「政治意識や投票行動にかんする調査」であれば○○市の選挙人名簿が使えるかもしれません。それでは、「○○県の環境問題についての意識調査」となるとどうでしょうか。残念ながら、○○県の総合的な住民基本台帳は存在しませんし、選挙人名簿も同様に各市区町村で作られているだけです。そうすると○○県のリストを作成するには、○○県にある全市区町村を回ってすべてのリストを集め、それを合併することによって○○県のリストとするほかないことがわかります。このリストの作成は、実際にやってできないこともないでしょうが、相当な時間的・労働的コストがかかるでしょう。またこうして作成したリストを用いて系統抽出法をおこない、標本を抽出したとしても、非常に広範囲な地点に存在するひとびとを調査対象者とすることになるため、実査にかかる移動や労力という面でも大きなコストがかかることが想定されます。さらに「□□についての全国調査」のように、日本全体を対象とする場合はより大きなコストをともない、もはや現実的ではありません。

 多段抽出法

このような場合に用いられる方法の1つとして、多段抽出法とよばれるものがあります。この方法は、単純無作為抽出法や系統抽出法とは異なり、リストから個体を直接抽出するのではなく、まず個体が所属する集団を抽出し、次にその集団から個体を抽出するという段階をふみます。場合によってはこれが3段階以上になることもあります。たとえば図20-1のように、第1段階で市区町村を抽出、第2段階で選ばれた市区町村のなかの投票区を抽出、第3段階で選ばれた投票区のなかの有権者個人を抽出するというようなやり方です。この方法だと、個体のリストが必要なのは抽出された投票区のみということになりますから、全個体が含まれるリストの作成に比べると格段に作業量

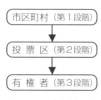

図 20-1　多段抽出法

が減少することになります。

　このように段階的に抽出単位を小さくしていく多段抽出法は、抽出単位に応じて抽出される確率を調整しなければなりません。なぜなら市区町村や各投票区における人口規模が異なるためです。東京都を例に考えてみましょう。東京都には 23 区、26 市、5 町、8 村があり、2016 年 7 月時点でもっとも有権者が多いのは世田谷区（756,592 人）、もっとも少ないのは青ヶ島村（149 人）です。第 1 段階として市区町村を抽出する際には、このような人口規模の違いを考慮しなければなりません。具体的な方法は、各市区町村の人口を累積して作成したリストに対して[1]、あらかじめ決められた第 2 段階で抽出される投票区数を抽出間隔として系統抽出をおこないます。第 2 段階で投票区を抽出する際にも、投票区の大きさと抽出される確率が比例するように同様の作業をおこないます。したがってこのような方法を確率比例抽出法といいます。第 2 段階で投票区を抽出し終えたら、第 3 段階では通常の系統抽出法によって個人を抽出し、こうしてできあがったものが標本となります。

 ## 3 層化抽出法

　多段抽出法には、標本抽出や実査のコスト削減というメリットがあることはすでに説明したとおりです。しかしその方法から、標本誤差（母集団における真の情報と標本から得られた情報のズレ）が大きくなってしまうという欠点もあります。たとえば、多段抽出法で全国に散らばる 10 の投票区を選ぶとしましょう。もし、たまたま 10 投票区のほとんどが都市部にあったとしたら、その標本は日本全国の縮図とはいえなくなってきますし、農村や漁村ばかりに集中していても同じことがいえます。そこで、あらかじめ全国の地点をいくつかの層に区分しておき、それぞれの層から 1 つ以上の地点が選ばれるようにするという方法があります。こうすれば都市部あるいは農村部だけに地点が集中したりすることを避けることができるというわけです。このような方法を層化抽出法といいます。実際には産業構成や人口規模にしたがって全国の市区町村を層化し、その層から地点を抽出、選ばれた地点から個人を抽出するという方法がよくとられます。それぞれの層からいくつの地点を抽出するかは確率比例抽出とするのが一般的で、各地点から個人を抽出する際には原則として全地点同じ人数を抽出します。

1　ここでは個人の情報はまったく不要で、各市区町村の有権者数のみがわかればよいのです。

質問紙の作成（1）：
作成の流れと基本的な体裁

 質問紙を作成する前に

　実際に質問紙を作成する前にしておかなくてはならないことは、先行する調査の質問紙（調査票）を手に入れ、回答者になったつもりでひととおり回答してみることと、その質問紙をじっくり読み込んでおくということです。【調査編5】で解説したSSJDAなどのデータアーカイブにアクセスすれば、これまでに実施されてきた膨大な社会調査の調査票が閲覧できます。このなかにはきっと現在のテーマに関係のある質問紙が含まれているでしょう。みつかった質問紙に実際に回答してみることで、回答者目線での質問紙設計を心がけることができますし、質問の一般的な流れについても理解することができるはずです。

 回答にかかる時間

　次に考えるべきは、回答にかかる時間を見積もることです。もちろん各回答者によって回答にかかる時間は異なりますが、何分ぐらいあればほとんどの人が回答できそうかを想定しておく必要があります。回答にかかる時間というのは、調査への協力傾向を左右する重要な要素ですから、必要以上に長く質問の多い質問紙は避けるべきなのはいうまでもありません。また児童や生徒を対象にする場合は、調査への回答に集中できる時間も念頭に置いておくべきでしょう。一般的なレイアウトの質問紙の場合、中学生は15ページの調査票に20〜30分はかかりますから、調査の内容にもよりますが最長でも15ページくらいにとどめておくのがよいでしょう。回答者が大人の場合はもう少し分量の多い質問紙でも構いませんが、調査協力への謝礼（有無やその価値）によって協力傾向も変わってきます。謝礼自体は調査主体の経済的状況に大きく依存しますが、目安として約20ページの質問紙で構成される「働き方とライフスタイルの変化に関する全国調査（社研パネル調査）」では[1]、調査に回答してくれた方には調査票の回収時に1000円分の金券を謝礼として渡しています。

1　本書のデモデータのもとになっている調査です。

質問の一般的な流れ

　質問紙は一般的に、どのような構成になっているのでしょうか。多くの質問紙をみていると、質問紙の構成はかなり似通っており、一般的な流れは次のようになっています。まず、調査の説明や回答のしかたについての記述があり、次に性別や年齢（出生年）をたずねる質問項目が続きます。その後に調査のテーマに直接かかわる質問群とそれに関連する質問群、回答者の学歴や収入にかんする質問群が続き、最後に調査協力へのお礼の言葉や調査への意見を自由に記述してもらう箇所が用意されています。質問紙がこのような流れになっているのには理由があり、実際に回答してみるとわかるように、スムーズな回答を促すことを考慮しているためです。性別や年齢のような多くのひとにとって答えやすい質問からはじまり、その後に本テーマである質問項目が続くことによって、徐々に本題へと導いていくようにしています。一方、学歴や収入、婚姻状況などのプライバシーにかかわることや、ふみ込んだ内容は、調査への協力が十分に得られることが確実な、後半に配置するのが通常です。

 ## 質問紙の体裁

　多くの質問紙は A4 版で作られています。これは回答のしやすさだけでなく、回収後の管理にもちょうどよい大きさだからです。質問紙の印刷を業者に依頼する場合は、作成した原稿を入稿するだけでよいのですが、自分でコピー機を駆使して質問紙を作る場合は、A3 版の用紙を用いて冊子体として印刷し、二つ折りにして真ん中をステープルで留めると仕上がりがきれいになります。

　質問紙の体裁は、だれが回答を質問紙に記入するのかによって変わってきます。たとえば面接調査で面接調査員が回答者に口頭で質問し、調査員が得られた回答を記入していく場合は、ある程度字が小さかったり、ルビが振られていなくてもとくに支障はないでしょう。しかし自記式の調査の場合はすべての回答者に対して、質問紙の回答の際にかかる負担をできるだけ抑える必要があります。非常に小さい文字や記入欄、選択肢の間隔の狭さなどは回答者への負担を増すだけでなく、回答ミスやデータ作成時の入力ミスを招く可能性を高くします。さらには回答者の調査への協力自体にも影響が生じかねません。したがって、質問紙はできるだけ余裕をもったレイアウトにするのが得策といえるでしょう。

質問紙の作成（2）：
質問文の検討

 質問文の作成における注意点

　質問文の作成は、実査以前のプロセスにおいてもっとも重要な位置を占めるといっても過言ではありません。質問文の作成とは、調査者が知りたい情報を質問の形で回答者に提示することですから、回答者が調査者の意図とは異なることがたずねられていると誤解したり、そもそも理解できなかったりすると、得られた回答の価値は大きく損なわれてしまいます。そこで、ここでは質問文の作成にあたって注意しなければならない事項について解説します。

 キャリーオーバー効果

　キャリーオーバー効果とは、前の質問への回答が後の質問への回答に影響してしまうことをいいます。次のような例を考えてみましょう。

　問 A「あなたは、東京オリンピックの開催費用が当初予算の約 3 倍になることを知っていますか」
　問 B「あなたは、東京オリンピックの開催に賛成ですか。それとも反対ですか」

　問 A のように具体的なことがらを質問した後で、問 B のように意見をたずねる場合には、前の質問に回答が誘導されてしまう傾向があります。このようにキャリーオーバー効果の恐れのあるときは、2 つの質問は離して配置したり、順序を逆にしたりして、キャリーオーバー効果を抑制することが求められます。

 誘導的質問

　質問への回答は、質問文の言い回しによっても左右されます。たとえば、回答者を一定の方向に誘導するような質問文も避けなければなりません。

　問 C「先月の○○社実施の世論調査によると、東京オリンピック開催への賛成割合は 80%となっていますが、あなたは東京オリンピックの開催に賛成ですか。それとも反対で

すか」

　問Cのような質問文は、広く世間一般や社会的に権威のあるひとの意見に賛同しやすい傾向がでてしまう例です。これを威光暗示効果といいます。ひとびとが権威や民意に同調する傾向によって、本来の意見が観測できなくなってしまうことがあります。

　問D「あなたは東京オリンピックの開催に賛成ですか」

　問Dは、一見するとなんら問題のない質問にみえるかもしれません。しかし実際に「賛成ですか」とだけ聞かれると、「はい、賛成です」とつい回答してしまう傾向があることも確認されています。これを黙従傾向といい、これを避けるためにはややくどいいい回しになりますが、「賛成ですか。それとも反対ですか」のようにどちらの意見も選択肢として存在することを示す質問文がよいでしょう。

 ## あいまいな言葉や難しい言葉

　ある言葉の理解によって質問の意味が異なって受け取られることが想定されるものや、一部のひとにしか理解できない難しい言葉も質問文としてふさわしくありません。理解できるかできないかによって回答が影響を受けたり、理解できないひとが当てずっぽうに回答したりする可能性もありますから、回答者全員が同じ解釈のもとで回答できるような言葉づかいが大切です。

 ## ダブルバーレル質問

　ダブルバーレル質問とは、複数のことがらに1つの回答をもとめようとする質問のことです。

　問E「あなたは、東京オリンピックの中止や経費削減について、賛成ですか。それとも反対ですか」

　問Eのように、「中止」と「経費削減」という2つのことがらがある場合、どちらにも賛成または反対なら回答できますが、一方には賛成、他方には反対の回答者は回答が困難になってしまいます。このような場合は、これらを別の質問としてたずねる必要があります。

質問紙の作成（3）：回答方法の検討

 選択回答法

　質問紙作成の際には、質問文とあわせて回答方法も決めておく必要があります。回答のしかたは、選択回答法と自由回答法の大きく2つに分けられます。ここではまず、実際の回答方法の多くを占める選択回答法から説明しましょう。

　選択回答法とは、質問文に対する回答選択肢が用意されていて、回答者に選択してもらう形式をいいます。つまり、あらかじめ回答をいくつかのカテゴリーに分類し、データ入力・分析の際にコンピュータで処理するため、選択肢にコード（選択肢を区別するための番号）を与えておきます。この作業をコーディングといい、あらかじめコードが与えられている回答形式をとくにプリコード（プリコーディング）といいます。

　　例「あなたは生活全般に満足していますか。それとも不満ですか」
　　　　1．満足している
　　　　2．どちらかといえば満足している
　　　　3．どちらともいえない
　　　　4．どちらかといえば不満である
　　　　5．不満である

　例の回答選択肢の前についている数字がコードです。これらの選択肢の設定には、すべての回答がいずれかのカテゴリーに分類できること、各カテゴリーは互いに背反であること、各カテゴリーの区別は回答者にとって合理的で明快であることといった性質を満たす必要があります。

　支持政党をたずねる質問を例に考えてみましょう。存在するすべての政党名が選択肢として存在するのが理想的ですが、選択肢の数が多くなってしまうと回答者が全選択肢を見渡すための負担が増加してしまいます。そこである程度の回答が見込まれる政党については選択肢として存在させ、それでカバーしきれない政党については、「その他」という選択肢を用意し、場合によっては「その他（　　　　）」としたうえで（　　　　）内に支持政党を記入してもらうという形式もとられます。またこの支持政党の例では、「支持している政党はない」という選択肢を用意することも忘れないようにしましょう。

単一回答法と複数回答法

　選択回答法はさらに単一回答法と複数回答法の2つに分けることができます。単一回答法は選択肢のなかからあてはまるもの1つを選んでもらうのに対して、複数回答法は選択肢のなかからあてはまるものすべてを選んでもらう形式です。ここで複数回答法において忘れてはならないのは、「どれもあてはまらない」という選択肢を用意しておくことです。「あてはまるものすべてに○をつけてください」という質問文でも、「あてはまるものが1つもない」という回答者もいるでしょう。そのとき、その回答者はどの選択肢にも○をつけないことになりますが、調査者があとで質問紙をみる限り、それが「あてはまるものが1つもない」ということなのか、その質問への無回答なのかが判別できないためです。

　ところでまれに、「3つまで選んでください」とか「上位2つまで選んでください」といった質問文をみかけることがあります。この方法は単一回答法と複数回答法のいいとこどりのように考えられるかもしれませんが、2つや3つといった恣意性の問題や回答者間の比較可能性が保たれないことなどから、あまりよい方法とはいえません。あくまでも基本は単一回答法と複数回答法のいずれかということです。

 自由回答法

　自由回答法とは、回答者に質問に対して自由に記述してもらい、データの作成時に分析可能な形に変換する形式のことです。あらかじめ用意されたコードではなく、データの作成時に回答にコードを与えることから、この作業をアフターコード（アフターコーディング）といいます。

　例「あなたはその職場でどのような仕事をなさっているのですか。なるべく具体的に教えてください」

　この例は「社会階層と社会移動全国調査（SSM）」において仕事の内容についてたずねている質問ですが、ここではできるだけ多くの情報を得ておき、それをもとに「日本標準職業分類」などを用いて事後的に約200種類のコードを割りあてるといった方法がとられています。

　自由回答法のバリエーションとして、実数値（□万円、□歳）で回答を得る形式も存在します。ただし答えにくい質問、プライバシー性の高い質問では無回答が増加することもありますから、選択回答法と比べてどちらがよいかを見極めてから決定するとよいでしょう。

hapter　調査編　12　　24

実査前の準備

 調査実施にかんする申請

　質問紙が完成したら、まず自身が所属する機関に調査実施の申請をしましょう。多くの場合、「○○大学社会調査倫理委員会」のような名称で設置されている部署に、質問紙を添付し、調査対象、調査時期、責任者などの情報を伝え、調査実施の許可を得る必要があります。学術的・社会的に問題のないこと、プライバシーの確保や個人情報保護に対して具体的な取り組みがなされていることなどが審査され、許可が下りれば所属している組織から実査に対するお墨つきをいただいたということになります。この申請は調査にかんするリスク管理の面からも重要です。申請から許可が下りるまでに1か月以上かかるケースもありますので、余裕をもって臨みましょう。申請の必要がない場合にも、指導教員などに調査についての詳細を説明しておく必要があります。

 実査前に準備するもの

上記の申請が許可されたら、実査に必要な以下のものを準備しましょう。

□**調査依頼状**

　　調査依頼状は実査に先立って、対象者に調査の概要や実施時期などを記載し回答をお願いするために送るものです。郵送する場合、標本規模によっては葉書でも金額がかさんでしまうので、はじめから予算に入れておきましょう。

□**調査票**（質問紙）

　　調査票（質問紙）は実査とその予備分としてはもちろんのこと、データ分析の際の参照分、調査報告書に添付分、研究仲間への配布分、先述の調査倫理委員会などへの提出分として必要です。印刷業者に依頼する際には、その分も予想した部数を注文しておかないと、のちに調査票が不足してしまうという危機的状況に陥ってしまいます。

□**封筒**（切手）

　　郵送調査の場合は調査票を入れる往復分の封筒が必要です。また、宛名の印刷や切手を貼ったりする作業も必要になることがあります。料金後納郵便などを使う場合は、事前に郵便局に申請する必要があります。面接調査や留置調査でも記入済みの調査票は個

人情報を多く含んでいるため、実査の際には封筒に入れて保管するのがよいでしょう。

□謝礼

謝礼品は調査の予算や内容によりさまざまで、謝礼品がない調査も多く存在します。また、謝礼品を対象者全員に調査依頼状とともに送付することもあれば、回答した対象者にのみ謝礼を渡すこともあります。いずれにしても不足分がないように用意する必要があります。

□対象者リスト（氏名、性別、住所、生年月日などの情報を含む）

これは調査対象者ごとに実査の進捗状況を記入するために必要です。郵送調査の場合は、調査本部（管理者）のもとに1セットあれば十分ですが、面接調査や留置調査などのように、調査員が対象者に会いに行く方法の場合は、調査員の人数と調査本部（管理者）の分がセットで必要になります。対象者によっては、調査への拒否を電話で本部に伝えてくれたり、自宅を訪ねた際に口頭や置き手紙などでその意思表示をしたりします。調査拒否に対して調査者ができることはほぼありませんので、拒否を伝えられた時点で対象者リストに「拒否」と記入し、再訪問などはしないようにします。これを忘れてほかの調査員が再訪問したりすると、思わぬトラブルにつながりかねません。また、調査員の訪問時に対象者が一時不在のときなどにも、状況を記入しておくことで進捗状況が把握できます。

□住宅地図・訪問メモ

面接調査や留置調査では、対象者宅に行き着くための住宅地図、対象者が一時不在のときに調査員がやってきたことを伝えるための訪問メモが必要になります。地図には、あらかじめ対象者宅に蛍光ペンで色づけしておくとよいでしょう。

□文房具各種

赤色・青色ボールペン、蛍光ペン、鉛筆、消しゴム、のりなどは数に余裕をもって揃えておきましょう。ペン類は、赤色は調査員による調査票の点検用、青色は調査本部での調査票の点検用などのように、色によって使いみちを指定しておくとよいでしょう。

実査と調査票の点検（エディティング）

 実査中の対応

　実査の段階までくると、調査のプロセスもヤマ場といえるでしょう。これまでの準備がしっかりできていれば多少のトラブルにも素早く対処できるはずですが、もしなんらかのトラブルが発生した場合は、調査の管理者に指示を仰ぐなどして適切な対応を心がけましょう。とくに調査対象者宅への訪問が必要な面接調査や留め置き調査では、「どのようにしてうちの住所を知ったのか？」といった質問もよくなされるので、正しく説明できるようにあらかじめマニュアルを作っておくとよいかもしれません。

　実査の現場と同様に、調査主体が所属する組織や調査本部への調査についての問い合わせもしばしばあります。したがって調査本部には常にだれかが控えているようにし、問い合わせに対応することがもとめられます。その場で回答できない場合は、後ほど責任者から折り返し連絡をしなおすことを伝え、連絡先を聞いておくとよいでしょう。

 面接調査・留置調査における調査票の点検作業

　調査票の点検とは、回答の不備をできるだけ正しく修正するプロセスのことで、エディティングともよばれます。よくある回答の不備として、記入漏れや記入ミスがあげられます。

　面接調査の実査では、調査員が対象者と面接しながら、調査員が調査票に記入する方式（他記式）で進められます。そこではじめに、面接している相手が調査対象となっている本人であるかどうかの確認が必要になります。対象者リストには氏名や生年月日などの情報が記されているため、面接している相手にたずねて照合します。このように、面接調査は調査員の誘導によって進行していくため、調査票の質問の流れの分岐や、特定の対象者にのみ質問する項目の扱いなどについて、間違いが起こることはあまりありません。しかし一方で、調査員が回答をねつ造してしまうという行為も起こりえます。これをメイキングといいますが、なかなか調査対象者に会えない場合などに発生しやすい問題です。これを避けるには事前の調査員へのインストラクションが欠かせませんが、もしメイキングが発生してしまった場合を考慮すると、調査員に渡す対象者リストには、対象者の生年月日の一部を空欄にするなどし、調査対象者と接触したときに調査員に記入させるようにするといった措置をとることも1つの方法です。

　留置調査では、記入済みの調査票を回収する際に、記入漏れや回答の不備をチェックする時間をとりましょう。もし修正すべき点がみつかれば、その際に対象者本人に確認をとるこ

とができます。

 ## 郵送調査などにおける調査票の点検作業

郵送調査をはじめ、調査票を実査の現場で確認できないケースや、回収された調査票がだれの回答なのかが判別できない場合は、記入漏れや回答の不備があった場合にも、直接調査対象者に確認することができません。その場合は、記入漏れや回答の不備に対してなんらかの処理が必要になります。もっとも単純な方法は、すべて無回答扱いにしてしまうことですが、こうしてしまうと計量分析の際に有効なケース数が減少し、結果が不安定になることにつながってしまいます。そこで、記入漏れについては、調査対象者の回答の意図を考慮したうえで、埋められる箇所については適切だと予想される回答を補う方法がしばしばとられます。図 25-1 の例では、(2) の回答が、2 なのか 3 なのかがはっきりしません。このような場合、無回答扱いにするか、2 か 3 のいずれかにランダムに回答を振りなおすかを選択することになります。ランダムに回答を振る場合は、コインの表裏やサイコロの目などを用います。まちがっても「値の小さい方を優先する」など、なんらかの基準を設定して回答を修正してはいけません。

次に、(3) をみてみましょう。「雇用契約期間はどのようになっていますか」の質問に対して、○がついていませんが、その〈付問〉には 2 が選択されています。このような場合は、雇用契約期間は「2. 定めがある」ものと想像できますから、そのように修正しておきましょう。もちろん、調査票における記入漏れや回答の不備は、ここで示したような簡単に判断できるものばかりではありません。したがって、記入漏れや回答の不備に対して、どこをどのように修正したのか（しなかったのか）を調査票に記入し[1]、調査員や点検者の間で情報を共有しておく必要があります。

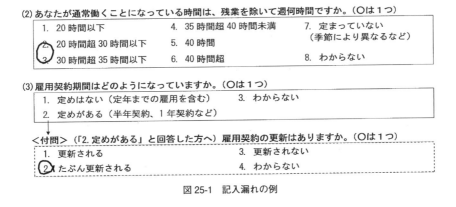

図 25-1　記入漏れの例

1　このとき、調査対象者が回答に使ったペンや色とは異なるものを使い、調査対象者の回答とは視覚的に区別できるようにしておくとよいでしょう。

データ入力

1 データ入力のしかた

　調査票の点検を終えたら、データ入力をおこないます。データ入力は、回答を統計データとしてデータファイルに入力していく作業です。本書ではExcelファイルに入力したデータの例を示していますが（くわしくは【分析編1】を参照してください）、統計パッケージソフト用にテキストファイルにデータを入力することもあります。

　入力のしかたは、1人の回答を左から右に質問紙にある問いの順におこなっていきます。Excelファイルに入力する場合は、1つの回答が1つのセルを使うようにします。データ入力のしかたは【調査編11】で解説した回答方法によって変わってきます。単一回答法の場合はもっとも単純で、選択された選択肢の番号をそのまま入力します。複数回答法の場合はすべての選択肢に対して、○がついているかどうかを区別するコードを割りあてます。自由回答法の場合は、事前にアフターコーディングという作業をおこなっておく必要があるので、詳しくは次の【調査編15】をみてください。

問10. 以下の出来事について、あなたは経験したことがありますか。あてはまる番号1つに○をつけてください。

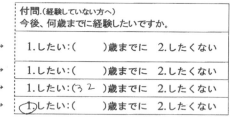

		すでに経験した	経験していない		付問.（経験していない方へ）今後、何歳までに経験したいですか。
A.	正規の社員・職員の仕事に就く	①	2	→	1.したい:（　　　）歳までに　2.したくない
B.	親とちがうところに住む	①	2	→	1.したい:（　　　）歳までに　2.したくない
C.	結婚する	1	②	→	1.したい:（32）歳までに　2.したくない
D.	子どもを持つ	1	②	→	①.したい:（　　　）歳までに　2.したくない

問11. あなたは今までに以下のような出来事を経験したことがありますか。あてはまる番号すべてに○をつけてください。（○はいくつでも）

1. 親が失業した／親が事業で失敗した
2. 親が離婚した
3. 親が再婚した
4. 自分が事業で失敗した
5. 自分が失業した
⑥ 自分が転職した
⑦ 自分が同棲した
8. 自分が離婚した
9. 自分が再婚した
10. 自分が学校でいじめを受けた
⑪ 自分が大きな事故や災害にあった
12. 自分が暴行・強盗・恐喝などの犯罪被害にあった
13. 自分が手術や長期療養を要する病気・ケガをした
14. 自分が家族の看病・介護をした
15. その他大きな出来事
　具体的に

図 26-1　記入済み調査票の例

② データ入力の事例

　実際のデータ入力の事例として、まず図 26-1 の問 10 の A をみてください。この回答から、この対象者は「正規の社員・職員の仕事に就く」ことをすでに経験しているので、該当するセルに「1」を入力します。そして続く付問は非該当にあたりますので非該当であることを示すため、たとえば「8」と入力し、「（　　）歳までに」の部分も非該当として「88」などの数字を入力しておきます。

　問 10B も同じ方法で入力できますが、問 10C と D は「結婚する」ことと「子どもを持つ」ことをまだ経験しておらず、付問に進むことになっています。また問 10C は「32 歳」の記述があるため、付問は「1. したい」に○がついていませんが、回答不備を補って「1」とし、年齢には「32」を入力、問 10D は「1. したい」に○がついていますが、年齢は空欄ですので無回答を示す「99」などを入力しておきます。以上の手順でデータ入力をおこなうと、表 26-1 のようになるはずです[1]。また、テキストファイルに入力する場合は、それぞれの回答に使う桁数を設定したうえで（たとえば付問には 1 桁、年齢には 2 桁といったように）、その桁に合わせた数値を入力します。そうしないと人によってデータの長さが異なってしまい、統計ソフトウェアなどで正確に読み込むことができなくなります。たとえば 2 桁設定されている回答には、1 桁で表現できる回答であっても 1 は「01」、5 は「05」のように 2 桁で表現し、非該当や無回答についてもそれぞれ「88」や「99」とします。

　次に問 11 を見てください。こちらは複数回答法ですので、すべての選択肢についてあてはまるか、あてはまらないかを示すコードを割りあてていきます。ここではあてはまるものを「1」、あてはまらないものを「0」として入力しています。

　もちろん、あてはまるものを「1」、あてはまらないものを「2」などとして入力しても構いません。

表 26-1　データ入力の見本（問 10 の例）

…	Q10A	Q10A_sub	Q10A_age	Q10B	Q10B_sub	Q10B_age	Q10B	Q10B_sub	Q10B_age	Q10B	Q10B_sub	Q10B_age	…
…	1	8	88	1	8	88	2	1	32	2	1	99	…

表 26-2　データ入力の見本（問 11 の例）

…	Q11_01	Q11_02	Q11_03	Q11_04	Q11_05	Q11_06	Q11_07	Q11_08	Q11_09	Q11_10	Q11_11	Q11_12	Q11_13	Q11_14	Q11_15	…
…	0	0	0	0	0	1	1	0	0	0	0	0	0	0	0	…

---

[1]　変数名は日本語でも構いませんが、文字化け対策などのため半角英数でつけておくことを推奨します。

アフターコーディング

 アフターコーディングとは

　【調査編 14】では、単一回答法と複数回答法のデータ入力の違いについて解説しました。残る回答形式は自由回答法ですが、【調査編 11】で解説した自由回答法で得られた回答には、データ入力の前に統計データとしてなんらかのコードを割りあてる必要があります。その作業をアフターコーディングといいます。自由回答法による回答は、アフターコーディングによって記述を数値化したうえで、そのコードを入力していきます。

　また、アフターコーディングは割り振るべきコード表が用意されている場合と、されていない場合に区別することができます。それぞれについて実際のアフターコーディングの方法について解説します。

 コード表が用意されている場合

　自由回答法による記述であっても、あらかじめ回答をコードに割りあてるコード表が用意されている場合があります。そのような場合は、コード表から記述内容に対して適切なコードを探して割りあてていきます。たとえば図 27-1 にあるような質問があります。「お仕事の内容を具体的にお教えください」という質問に対して、記入例にしたがって自由に記述してもらう形式ですが、ここには「クルマの修理」との記述があります。1 つの例として、この記述を総務省が定めている日本標準職業分類をコード表として、適切なコードを割り振ってみましょう。

　まず日本標準職業分類を参照します。これは e-Stat で公開されていますので、だれでも自由にアクセスできます[1]。e-Stat の日本標準職業分類の「分類検索システム」で、「自動車修理」というキーワードで検索をおこなうと、検索結果に複数の候補が表示されるので、

(2)-2　お仕事の内容を具体的にお教えください。(「○○(勤め先)で××の仕事(資格)」のようにご記入ください)

(記入例) 農家で米づくり　小学校で教員　スーパーでレジ　食品販売会社で電話営業　化粧品会社で外回り営業 建築現場で屋内電気配線　福祉施設で介護の仕事(介護福祉士)　工場でプラスティック製おもちゃの製造　銀行で受付 ソフトウェア開発会社でシステムエンジニア(ソフトウェア開発技術者) クルマの修理

図 27-1　自由回答の例（仕事内容）

1　http://www.e-stat.go.jp/SG1/htoukeib/TopDisp.do?bKind=20

そこからもっとも適切なコードを選ぶことになります。今回は、項目の説明にある「自動車のエンジン・車体・シャシー・車体部品などの整備・修理の仕事に従事するものをいう。ただし、内張関係の修理・塗装の塗り替え・ガラスの入替えの仕事に従事するものは含まれない」と説明されている分類コード「553」の「自動車整備・修理従事者」がもっとも適切だと判断し、この記述には「553」というコードを割り振ります。

　複数の候補があって判断に迷う場合は、そのケースを後回しにして一通りのアフターコーディングが終わってから再度検討するか、共同研究者と相談のうえコードを確定していきます。ここで大切なのはアフターコーディングの基準が一貫していることです。

 ## コード表が用意されていない場合

　先のようなコード表が用意されていない場合のアフターコーディングは、コード表を作成しながらアフターコードを割り振っていきます。たとえば、図27-2の問11で「15. その他の大きな出来事」にある記述を考えてみましょう。ここに「父親が亡くなった」と書かれていた場合、用意されているどの選択肢にもあてはまらないので、作成したコード表に「父親の死亡」という新コードを立ち上げ、正の字などを使ってカウントしておき、同様の記述が何ケース出現したかもわかるようにしておきます。

　自由回答をすべてコードとして抽出し終えたら、複数のコードをある程度ケース数が確保できるより大きな意味のコードにまとめたり、1ケースしかないコードは「その他の記述」としての大きなコードにまとめたりします。これは最終的にあまりに少ないケースしか存在しないコードは統計分析が困難であるためです。したがってコードを抽出する際に、ケース数を把握しておくことは重要です。先の例でいえば、「父親の死亡」に該当するケースが少なければ、「母親の死亡」とあわせて「親の死亡」としてまとめたコードを作成するということです。

問11. あなたは今までに以下のような出来事を経験したことがありますか。あてはまる番号すべてに○をつけてください。（○はいくつでも）

1. 親が失業した／親が事業で失敗した	9. 自分が再婚した
2. 親が離婚した	10. 自分が学校でいじめを受けた
3. 親が再婚した	11. 自分が大きな事故や災害にあった
4. 自分が事業で失敗した	12. 自分が暴行・強盗・恐喝などの犯罪被害にあった
5. 自分が失業した	13. 自分が手術や長期療養を要する病気・ケガをした
6. 自分が転職した	14. 自分が家族の看病・介護をした
7. 自分が同棲した	15. その他大きな出来事
8. 自分が離婚した	具体的に

図 27-2　自由回答の例（その他）

データクリーニング（1）：ファイル比較と単純集計

 データクリーニングとは

　エディティングの段階で多くの回答不備を修正しても、入力されたデータファイルのなかにはまだ修正が必要なエラーが存在します。エラーの要因は、回答者の誤答、調査員の誤記入・記入漏れ、不正確なエディティング、不正確なコーディング、コーディング記入漏れ、データ入力の誤りなどさまざまですが、これらに起因するエラーをできるだけ適切に修正していかなくてはなりません。これらのエラーをデータファイル上で修正するのがデータクリーニングという作業です。

　データクリーニングにはいくつかの段階がありますが、ここではデータクリーニングの一般的なプロセスの順にしたがい、ファイル比較によるデータクリーニングと単純集計チェックによるデータクリーニングについて説明します。その後【調査編17】で説明する論理チェックによるデータクリーニングに進んでください。

 ファイル比較によるデータクリーニング

　まずおこなうのは、ファイル比較によるデータクリーニングです。この方法はデータ入力を2回おこない、それを比較することでデータが一致しない箇所を特定し、正しく修正していくという作業です。したがってデータ入力が1回のみの場合はおこなうことができません。ファイル比較によるデータクリーニングはもっとも単純な方法で多くのエラーを発見し、修正できる方法です。またデータ入力を1回のみおこなう際、入力ミスがあったとしても誤入力された値が回答としてありうる値であった場合には、後述する単純集計チェックにおいてその入力ミスをみつけだすことはできません。その意味でも時間や予算の都合もありますが、データ入力はできるだけ2回おこなうのがよいでしょう。

　実際の方法として、データファイルがExcelファイルの場合は、Sheet 1に1回目の入力データを、Sheet 2に2回目の入力データを入れ、Sheet 3でSheet 1とSheet 2の同一セルの内容について差や不一致を示す関数を用います。たとえば、Sheet 3で「A2=Sheet1!A2-Sheet2!A2」と書くと、Sheet 1のA2セルとSheet 2のA2セルの内容が同じであれば0、異なれば0以外の値をとることになり、0以外の場合はSheet 1とSheet 2のどちらかのデータを必要に応じて調査票をみながら修正するというやり方です。

テキストファイルでデータを作成した場合は、インターネットで公開されているテキストデータの比較ツールなどを使うことで、2つのファイルの比較を簡単におこなうことができます[1]。

 ## 単純集計チェック

　次におこなうのは、単純集計チェックです。これは、すべての変数について度数分布表を作成・プリントアウトし[2]、それぞれについてあるべきでない数値が現れていないかをチェックする方法です[3]。たとえば、20 〜 39歳が調査対象であるにもかかわらず年齢変数に19や50などの値が存在していたり、「1：そう思う」〜「5：そう思わない」の選択肢であるにもかかわらず0や6の値があったりした場合は、それらをエラーとして考え、調査票を確認しながら修正します。

　先述のファイル比較によるデータクリーニングがおこなわれていれば、単純集計チェックではそれほど多くのエラーはみつからないはずですが、データ入力が1回限りの場合はこの段階で多くのエラーが出現するでしょう。

　エラーに対する具体的な対処のしかたとして、まず調査票を確認し、エラーがなぜ起きたかを推測します。調査票にはエラーではない本来の回答、またはエディティング時の記録が記入されているのに単純集計チェックでエラーとなっている場合は、データ入力のミスと考えられるので、正しい値を入力しなおします。調査票に記入されている回答やエディティング時の記録自体がエラーの場合は、適切な回答を推察できる場合はその値を入力し、適切な回答がわからない場合はDK/NAを示す値を入力します。たとえば労働時間が1日あたり「40」時間と回答されていた場合は、回答者が「1日あたり」を「1週間あたり」と勘違いしたものと考えることもできます。ここからは調査者の判断となりますが、「40時間を5日で割って8時間とする」などの修正案が考えられるでしょう。

　単純集計チェックに限らず、データクリーニングの過程はなんらかの方法で記録しておきましょう。いつ、どこで、だれが、どのようにデータを改変したかがわかるようにし、データファイルも改変にともないバージョンを変えて保存しておくと、データクリーニング前の状態に戻りたい場合にも、即座に前のバージョンのデータファイルにアクセスできます。

1　テキスト比較ツール difff《デュフフ》」が使いやすく便利です。http://difff.jp/
2　筆者の経験上、PCの画面で単純集計表の出力をみていくよりは、プリントアウトしたものを用意してエラーにペンで印をつけていくほうが効率的です。
3　度数分布表の作成については【分析編7】を参照してください。

データクリーニング（2）：論理チェック

 1 論理チェックとは

　すべての変数について単純集計チェックを終えたら、次に論理チェックとよばれるデータクリーニングに移ります。論理チェックとは、複数の項目の間で、論理的にはありえないか、もしくはきわめてありそうもない回答のパターンを探しだし、エラーがないかどうか調べる方法です。したがって、単純集計チェックではみつけることができなかったエラーがここで多くみつかることになります。一般に、調査項目が多く、枝分かれの質問など内容が複雑になるほど論理チェックにかかる仕事量も増えていき、単純集計チェックに比べて何倍もの時間と労力を要します。

　論理的に矛盾が生じる可能性のある項目の組みあわせをすべてあげるとなると、その数は膨大です。そのため、重要度の高い順に確認すべき組みあわせをあらかじめリストアップしておくことが大事です。実査の段階やエディティングの時点でその後にエラーとなりうる要素にどれだけ対処できていたかが、論理チェックにかかる仕事量に影響します。1つのエラーも存在しない完璧なデータを作成するために、ひたすらエラーをみつけて修正していくのはあまりよい方法とはいえません。データにおける構造的または系統的な欠陥がないかを確認し、あればそれを修正するという姿勢で臨み、それらの論理チェックの終了をもってデータの完成と考えたほうがよいでしょう。さもないと、いつになってもデータクリーニングが終了せず、本来の目的である計量分析や論文執筆には進めません。

 2 論理チェックの事例

　ここでは、論理チェックの事例をいくつか紹介しながら、その手順を理解していきましょう。

　具体的な事例としてまず、比較的容易なエラーとその修正パターンとして、婚姻状況（「未婚」「有配偶」「離別」「死別」の4択）と結婚満足度（「1：満足している」～「5：不満である」の5択）についての論理チェックを考えてみましょう。結婚満足度の質問項目が、現在配偶者がいる者のみを対象にしている場合、現在、配偶者のいない「未婚」「離別」「死別」者が結婚満足度について回答していればエラーとなります。これを調べるには婚姻状況と結婚満足度の2重クロス集計表を作成し[1]、「未婚」「離別」「死別」者の結婚満足度が非該当を表す値になっ

ているかを確認します。同様に、「有配偶」者の結婚満足度が非該当を表す値になっていればそれはエラーなので、有効な回答または無回答を表す値に修正する必要があります。このような構造的なエラーに対しては、エラーとなっているケースを個別に修正していく必要はありません。修正方針を論理式で表し、一括して修正を施すことができます。

　次に、エラーがみつかった場合の修正箇所が多岐にわたる例として、子どもの出生順位と年齢の関係についての論理チェックを考えてみましょう。調査票に、表29-1のように子どもの情報（性別、年齢、就学中か否か、就業中か否か）について、第1子から順に回答してもらう形式の質問項目があるとします。このとき論理チェックの対象とすべきは、「子ども（1人目）の年齢≧子ども（2人目）の年齢≧子ども（3人目）の年齢……」という関係が成り立っているかどうかです[2]。第1子から順に回答されていればこのような関係になるはずですが、調査が自記式の場合には下の図の修正前の行のように、小さい子どもの情報から順に回答されていることもしばしばです。このような場合は、正しい出生順位にしたがって、修正後の行のように年齢だけでなくその他の情報も正しい出生順位の場所に入れ替える必要があります。このような修正には比較的長い修正シンタックスを必要とします。

　最後に、慎重な判断が必要な事例として、婚姻状態と子どもの人数についての論理チェックを考えてみましょう。この場合も、婚姻状況と結婚満足度の論理チェックと同じ要領で、婚姻状況と子どもの人数についての2重クロス集計表を作成します[1]。このとき、「未婚」であり子どもの人数が「0人でない」ケースは検討が必要です。論理的にまったくありえないわけではありませんが、日本社会では婚外子は非常にまれなケースであり、調査票の前後関係から本当に「未婚」であるかを確認する必要があります。もし調査票のどこかで「離別」または「死別」を示す情報があれば、婚姻状況を修正するという方法をとりますが、そのような情報が得られない場合はむやみに修正せず、そのままにしておいたほうがよいでしょう。

表 29-1　子どもの情報のデータ例

…	c1_sex	c1_age	c1_sch	c1_emp	c2_sex	c2_age	c2_sch	c2_emp	c3_sex	c3_age	c3_sch	c3_emp	…
修正前	1	16	1	2	2	19	1	2	23	1	2	1	…
修正後	23	1	2	1	2	19	1	2	1	16	1	2	…

1　2重クロス集計表の作成手順については、【分析編10】を参照してください。

2　「＞」ではなく「≧」となるのは、年子や双子などの場合に年齢が等しくなることがあるためです。

Chapter 分析編 1　30

Excel で統計分析

 ## 1　Excel で統計分析をするには

　調査を無事に終え、データが完成したら、実際に仮説を検証するための分析へと移っていきます。統計分析には専用のソフトウェア（IBM 社の SPSS など）を用いることが多く、大学の授業で扱ったことがある方も多いと思います。ただし、これらの統計ソフトは非常に高価なので、個人の PC にインストールして利用するのは難しいかもしれません。なお、たいていの大学の PC 室には統計ソフトがインストールされているものがありますが、開室時間が限られているなど、なにかと不便を感じるかもしれません。そこで本書では、自分の PC にもインストールされていることが多く、もっとも普及している表計算ソフト、Microsoft の Excel で統計分析をおこなう方法を解説していきます。まずはそのための準備をはじめましょう。

　ここからは Excel 2013 を用いて解説していきますが、Excel 2010 や Excel 2007 の古いバージョンでもほぼ同じ操作で進めることができます。まず、「ファイル」→「オプション」と選択し、「Excel のオプション」ダイアログボックスを表示させ、「アドイン」のタブをクリックします。ウィンドウ下の「管理」の対象が「Excel アドイン」になっていることを確認して、「設定」をクリックします。すると図 30-1 のような「アドイン」ダイアログボックスが表示されるので、ここで「分析ツール」にチェックを入れ、「OK」をクリックします。こうすると Excel のデータタブの一番右側に、「データ分析」という表示が現れ、高度な分析手法が使えるようになります（図 30-2）。

図 30-1　「アドイン」ダイアログボックス

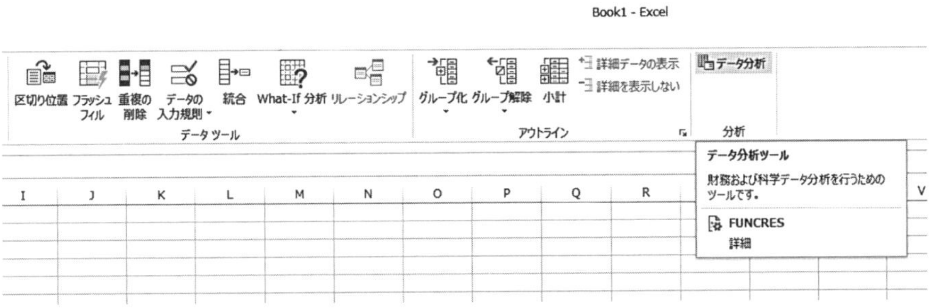

Book1 - Excel

図30-2　データタブの「データ分析」

 ## データ分析にあたって

　データ分析するための Excel の設定自体はこれで終わりです。これから作成したデータを
さまざまな角度から分析していくことになりますが、その際にとても重要なこととして、ロー
データを必ず残しておくことがあげられます。ローデータとはなにも手を加えていないデー
タという意味です。統計分析では変数をリコードしたり、合成したり、欠損値処理をしたり
と、適切な形に加工する必要がありますが、そのような場合には別シートに必要な変数をコ
ピーし、そこで作業をするようにしましょう。そうすればローデータが常に保持され、必要
に応じてすぐに確認することができます。

 ## デモデータ

　本書では、統計分析の際のデモデータを用意しています。このデータは、東京大学社会科
学研究所が実施している「働き方とライフスタイルの変化に関する全国調査」の若年調査の
第1波にもとづいています。もともとのデータの一部を無作為にリサンプリングし、分析で
用いる変数を加工した擬似データとなっています。この調査の質問紙は本書でも引用してい
ますが、以下のサイトからダウンロードすることができます (https://csrda.iss.u-tokyo.ac.jp/
panel/JLPSYM/coding/)。

　分析事例も基本的にはこのデモデータを用いていますので、同じデータを使って統計分析
の練習をしてみたい場合は、以下のサイトからデモデータをダウンロードしてください。

　　　　　　http://www.hokuju.jp/chousabunseki/shiryo.html

　ただし、先にも記したとおりこのデータは実習用の擬似データです。このデータからもと
のデータを再現することはできませんし、これを用いてレポートや論文の執筆、その他外部
での成果発表はできません。この調査データに関心がある場合は、【調査編5】にあるよう
にデータアーカイブへアクセスし、必要な手続きを経ることで使用できるようになっていま
す。

変数・ケースとは

 ① データファイルの構造を理解する

　回収できた調査票の内容のエディティング、アフターコーディング、データ入力とクリーニングの作業を終えたところで、ようやく本格的にデータを分析できるようになります。実際のデータ分析に先立ち、取り扱うデータがどのようなものであるのかについて、十分に理解する必要があります。

　図 31-1 は、Excel に入力されたデータファイルの例です。データファイルは図のような行列の構造になっており、横向きの入力内容の並びを行、縦向きの入力内容の並びを列とよびます。図の例では、行は 1 行、2 行…、列は A 列、B 列…ということになります。

　データファイルのなかで、行をケース、列を変数とよびます。ケースはデータ分析の最小単位を意味しており、ほとんどの社会調査では 1 人の回答者がそれにあたります。1 人の回答者の回答内容はケースに沿って入力されます。

　一方、変数は基本的には調査票のなかの質問項目に相当します。たとえば図 31-1 の C 列は性別にかんする質問であり、C 列に沿って内容をみると男性、女性がそれぞれ何名であるのかがわかります。実際には、この変数について集計をおこなったり、複数の変数を組みあわせたりしながら各種の統計分析をおこなうことになります。

　変数については、ほとんどの場合、一番上の行（表頭）に変数名をつけることで、それぞれの列がどのような変数であるのかがわかるようにしています。たとえば、先の C 列が性別にかんする質問であることがわかるのは、表頭に「SEX」という変数名がつけられており、この変数が性別の質問に対応していることがコードブックなどでわかるためです。変数名はデータ入力のときにすでに決まっているはずですが、変数名と質問の対応関係をまとめたリストなどを分析のときに準備するようにしましょう。

　変数名以外の入力内容は質問への回答内容にあたり、データファイルでは値とよびます。入力されている値の意味は、変

	A	B	C	D	E	F	G
1	ID	AGE	SEX	Q1	Q2		
2	1	38	1	4	4		
3	2	26	2	1	4		
4	3	33	1	3	1		
5	4	26	1	4	2		
6	5	39	2	2	1		
7	6	34	1	1	5		
8	7	30	1	4	2		
9	8	29	2	1	1		
10	9	30	1	2	4		
11	10	40	2				
12							
13							
14							
15							

「行」：横向きの入力内容の並び

「列」：縦向きの入力内容の並び

図 31-1　入力されたデータファイルの例

数によって違います。同じ「1」という値でも、ある変数では「とてもそう思う」、別の変数では「結婚したことがない（未婚である）」を意味していることがあります。意味を取り違えて集計、分析をおこなうと誤った結果となりますので、調査票やコードブックを必ず確認しましょう。

 ## 変数の種類

　値の意味が変数によって異なることはすでに述べましたが、変数の種類も変数によって異なります。ここでいう変数の種類とは、変数の性質のことを意味します。大きく、変数の値が連続的であるとみなせるかどうかによって、量的変数（連続変数）と質的変数（離散変数）に分類されます。大まかには、その変数について加減乗除したときに意味のある結果であれば量的変数、そのような計算に意味がなければ質的変数として分類します。

　量的な特性（重さ、高さ、長さなど）が把握される量的変数はさらに2種類に分かれます。1つは間隔尺度とよばれ、値と値の間隔（差）には意味があるけれども、2つの値の比には意味がないものです。あるいは、基点となる「0」という値が形式的なもので、絶対的には存在しないことを意味しているものだともいわれます。もう1つは比尺度とよばれ、2つの値の比にも実質的な意味があるような変数であり、絶対的な「0」が存在することを意味しています。

　質的変数は、量的特性の把握ではなく区別・分類のために用いられますが、こちらも2種類に分かれます。1つは名義尺度とよばれ、それぞれの値はその変数を構成するカテゴリーを区別するためだけに用いられます。たとえば性別にかんする変数の場合、「1.男性　2.女性」でも「1.女性　2.男性」でも意味が変わりません。もう1つは順序尺度とよばれるもので、それぞれの値の間には厳密に量的な大小関係は想定されていないものの、大体の順序関係が設定されています。特定の意見・考え方に対する賛否を問う質問で用いられる、「1.賛成　2.やや賛成　3.やや反対　4.反対」という選択肢がその一例です。

　調査によって違いはありますが、社会調査データの大半の変数は質的変数です。つまり社会調査データの変数の大半は、原則的には平均値を計算したりすることには意味がありません。しかし、平均値は集計、分析上便利なものですので、データ分析の現場では質的変数であっても、順序尺度については量的変数とみなして使用することがあります。順序尺度にかんする各値の間隔が等しいとみなすことになるので問題もありますが[1]、解釈や結果のまとめ方に留意しながらであれば、現実的な分析のしかたになることもあります。

1　先の賛否の例では、「やや反対」と「やや賛成」の回答の距離が、「やや賛成」と「賛成」の距離と同じだと考えることになります。

hapter 分析編 3

32

量的変数のリコード

① 情報をあえて縮減する理由

先の【分析編1】で変数には量的変数と質的変数があり、量的変数ではそこで把握されることがらの量的特性を測っていると説明しました。量的変数の値は質的変数にくらべて細かいものになりますから、もし同じようなことがらを2つの種類の変数でとらえようとする場合には、ケースによって細かく値が異なる量的変数のほうが、情報量が多いといえるでしょう。

しかし、社会調査データの分析の場面では、情報量の多い量的変数をあえて質的変数に変換することがあります。細かい情報を粗い情報にあえて変換するのには、大きく2つの理由があります。

1つは、細かい情報をそのまま使うことに分析上の実質的な意味がない、あるいは適切ではないという理由です。たとえば生まれた年の西暦年に関する変数について、得られたデータから何年生まれの人が多いのかを確認したい状況であるとしましょう。図32-1左側の表のように西暦年ごとに人数を集計してもよいですが、近い年同士については区別する理由がない場合、各年の人数が少ないことでかえってデータ全体の特徴がみえにくくなることがあります。そのようなときには、生まれ年について説明可能なグループ化をして集計をおこなうことで、全体の分布の特徴も端的にとらえられ、論文の紙幅の節約もできます。

もう1つの理由は上記とも関連しますが、量的変数と質的変数をそのまま組みあわせた集計、分析をおこなうと、両者の関連がみえにくくなってしまうという理由です。量的変数の値が細かく区切られているため、量的変数の値ごとで質的変数の集計に用いることのできるケース数が少なくなり、結果がよくわからないものとなってしまいます。詳細は【分析編10】のクロス集計表を参照してください。

量的変数、それから【分析編4】でとりあげる質的変数について、もとの値をなんらかのルールにもとづき割りあてなおす作業のことをリコードとよびます。社会調査データの実際の分析で頻繁に登場しますので、手順を十分に理解しま

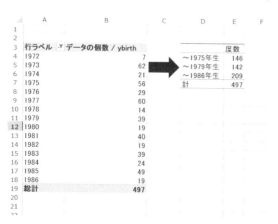

図32-1　量的変数から質的変数へのリコード例

しょう。

 ## ②　Excel を用いた量的変数のリコード

　意味のある効果的な集計、分析をおこなうために量的変数をあえて質的変数（順序尺度）にまとめるための、Excel での処理方法について説明します。今後の各種集計、分析についてもいえることですが、データファイルを操作する場合には必ずバックアップをとって不測の事態に備えるようにしてください。具体的な手順は次のとおりです（図32-2）。

　まず、用いる量的変数を新しいシートにコピーし、リコード先の変数の列に名前をつけます（ここでは「ybirth」をリコードするので「ybirthr」とします）。次に空欄の列に、量的変数の値をまとめるためのルールを書きます。具体的には、次のような IF 関数を書きます。ここでは、図 32-1 と同様のリコードをおこないます。

　　　「=IF(A2<=1975, 1, IF(A2<=1979, 2, IF(A2<=1986, 3, "")))」

　上の関数は、「『A2』というセル（2 行目の A 列）の値が 1975 以下であれば 1、1979 以下であれば 2、1986 以下であれば 3、それよりも大きければ空欄のままにせよ」という意味です。IF 関数では条件を指定した後にそれがあてはまる場合（真）の値、あてはまらない場合（偽）の値を指定しなければなりませんが、真の場合の値を指定した後に次の条件式を書くことで、複数の条件を設定することができます。うまく関数が書けたら、作成した IF 関数をすべてのケースにコピー＆ペーストして適用します。

　上記の手続きで、エラーなく処理が終了すれば、量的変数のリコードは成功です。量的変数のリコード後は処理がうまくできたかを必ず確認してください。そのときは度数分布表を作成することになりますが、その具体的手順については【分析編 7】を参照してください。

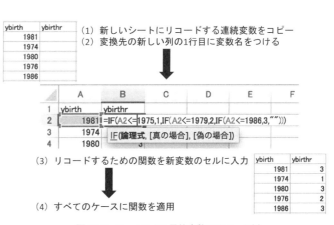

図 32-2　Excel による量的変数のリコード例

質的変数のリコード

 必要に応じて質的変数でも意味のあるまとまりを作成する

【分析編3】では量的変数をまとめる作業について説明しましたが、類似の処理は質的変数についても発生します。たとえば図33-1のような順序尺度の質問について、値を「満足感の高さ」を表すスコアとして用いたい場面があるかもしれません。そのような場合、回答選択肢どおりに変数を用いると満足感が高いほどスコアの値が低いことになり、誤解を招きやすくなります。より直感的に理解しやすい、「満足感が高いほど値が高い」スコアにするための1つの方法は、回答選択肢の値を反転させることです。

名義尺度についても、変数の値を事前に処理しておくほうが望ましいことがあります。図33-2に示される質問のように回答選択肢の数が多い場合、そのまま用いるとなかにはケース数の少ないものもあるほか、結果もわかりづらくなります。このような場合には、意味のある変数のグループ化により、解釈しやすい変数に変換することが有効です。

```
問. あなたは生活全般に満足していますか。

1. 満足している  2. どちらかといえば  3. どちらかといえば  4. 不満である
                    満足している        不満である

変換例

4. 満足している  3. どちらかといえば  2. どちらかといえば  1. 不満である
                    満足している        不満である
```

図33-1　順序尺度のスコア化の例

```
問. あなたの現在の働き方でもっとも近いものを1つ選んでください。
1. 経営者・役員          6. 請負社員
2. 正社員・正職員        7. 自営業主・自由業者
3. パート・アルバイト    8. 家族従業者
4. 契約社員・嘱託        9. 内職
5. 派遣社員             10. その他(具体的に:          )

変換例

1. 経営・自営(1、7、8、9)  2. 正規雇用(2)  3. 非正規雇用(3、4、5、6)
※「10. その他」は集計・分析に用いない
```

図33-2　名義尺度のグループ化の例

 Excel を用いた質的変数のリコードの手順

変数のリコード作業は、量的変数のコーディングとほぼ同様の作業で、ExcelのIF関数を用います。リコードの手順は、大まかには【分析編3】と同様です。以下では、その後の手順について、順序尺度の値の反転と、名義尺度の値のグループ化について解説します。

順序尺度の例として現在の暮らし向きの評価（wealth）、名義尺度の例として働き方（employment）を用います。やはり、もとのデータは操作せずにリコードに用いる変数を新しいシートにコピーします。暮らし向きの評価にかんする変数は「1：豊か」から「4：貧しい」までの4件尺度です。この変数を暮らし向きの豊かさのスコアとして用いたいので、「4=豊か」「3=やや豊か」「2=やや貧しい」「1=貧しい」とリコードします。新たに作成した列

もとの変数の値

1	正規雇用	4	家族従業・内職
2	非正規雇用	5	無職
3	経営者・役員・自営	6	学生
		99	無回答

リコード後の値（カッコ内はもとの値）

1	正規雇用（1）	2	非正規雇用（2）
3	経営・自営・家族従業（3　4）		
4	無職・学生（5　6）		

図 33-3　働き方のリコードルールの例

（wealth_r）に入力する IF 関数の例は以下のとおりです。

=IF(A2=1,4,IF(A2=2,3,IF(A2=3,2,IF(A2=4,1,""))))

この IF 関数を空欄に記入します。IF 関数の最後で「""」と書かれています。これは、回答が1から4ではないケースは空欄にせよという指示です。この質問の有効回答となるのは1から4までの値ですから、「それ以外の値は分析に含めませんよ」ということがわかるようにします。以下の名義尺度のリコードでも同様の処理をしています。「""」がないと、未入力なのか空欄にする指示なのかが判断されずエラーとなりますので、必ずつけてください。

次に働き方のリコードについてですが、もとの変数の値とリコード後の値の関係を示したものが図 33-3 です。新変数の列（employment_r）を準備し、以下のように IF 関数を書きます。リコード対象外の値をとるケースを分析に含めないので、空欄にするように「""」と書きます[1]。

=IF(B2=1,1,IF(B2=2,2,IF(B2=3,3,IF(B2=4,3,IF(B2=5,4,IF(B2=6,4,""))))))

準備ができたら、IF 関数をすべてのケースに適用させましょう。うまく処理できていれば、図 33-4 のような結果となります。値の数が多くなるほどリコードの作業も煩雑になりますが、分析する変数の事前準備はとても重要な作業ですので、慎重に進めてください。

	A	B	C	D
1	wealth	employment	wealth_r	employment_r
2	1	2	4	2
3	3	6	2	4
4	4	2	1	2
5	1	1	4	1
6	3	3	2	3
7	3	2	2	2
8	2	3	3	3

図 33-4　質的変数のリコード結果の例

1　集計上、これらのカテゴリーを含めたほうがよいという考え方はもちろんありえます。必要に応じて、判断するようにしてください。ただし、その場合でもリコードのルールを明確にしなければならないことには変わりありません。

34

合成変数の作成

 複数の変数を用いた合成変数の作成

【分析編3, 4】では、1つの変数についてコーディング、リコードをおこなう手順について解説しました。ここでは、複数の変数の合成をおこなう手続きについて説明します。社会調査ではひとびとの行動や考え方についてさまざまなことが質問項目となりますが、質問のまとまりのなかには、似かよったことをたずねているものもあります。このように類似した内容の質問で、それらが同じ順序尺度でたずねられている場合、それらの変数を足しあわせることで総合的なスコアを作成することができます。図34-1 はその例で、3つの質問はすべて健康志向の行動を意味していると考えられます。総合的なスコアを作成することで、本当は健康志向の高い人だけれども、たまたまある1つの質問にはあてはまらない場合に、そのひとは健康志向が低いという結果にならなくて済むようになります（図34-1 の例では、運動はしないけれども食事には気をつけるような場合などが考えられます）。項目ごとに適切なウェイトをつけてスコアを作成することもできますが、単純に足し算をする方法でも十分に対応可能な場合が少なくありません。

図34-1 の例で「健康志向スコア」を作成する場合は、3つの変数についてリコードをおこなった後、足し算をすることになります。頻度が多いほど値が小さくなっているので、値を反転させた変数（毎日 =6 ～ほとんどしない =1）を作成するか、回答選択肢の内容にあわせて「月当たりの頻度」を作成するという2通りの方法が考えられます[1]。前者の方法を用いると、健康志向スコアは最大18点、最小3点となるような量的変数になります。

足し算のほかにも、引き算、かけ算、割り算によって新しく変数を作成することがあります。たとえば調査実施年から回答者の生まれ年を引くことで調査時年齢を算出することがありますし、1日あたりの労働時間と月あたりの労働日数、さらに12をかけて1年間の労働時間数をもとめることもあります。もとめた1年間の労働時間数で仕事による年間収入を割

問8. あなたはどのくらいの頻度で以下のことをしていますか。（○はそれぞれにつき1つ）

	毎日	週に 5～6日	週に 3～4日	週に 1～2日	月に 1～3日	ほとんど しない
A. 運動 (ウォーキング・ジョギング・エアロビクス・水泳・テニスなど)	1	2	3	4	5	6
B. 1日に3食を食べる	1	2	3	4	5	6
C. 栄養バランスの取れた食事を取る	1	2	3	4	5	6

図 34-1 似かよった質問群の例

---

1 この方法の場合、「毎日 = 30」「週に5～6日 = 25」「週に3～4日 = 15」「週に1～2日 = 5」「月に1～3日 = 2」「ほとんどしない = 0」などのコーディングになります。

れば、おおよその時間あたり収入を新変数として作成できます。

Excel による複数の変数を用いた計算

以下では、デモデータにもとづき Excel を用いた「健康志向スコア」の作成例を示します。デモデータでは「運動」(exercise)、「1 日に 3 食を食べる」(meal3)、「栄養のバランスの取れた食事を取る」(balance) の 3 変数があり、値が大きいほど健康志向が低いことを意味しています (「9」は無回答)。これらを新しいシートにコピーし、値を反転した新変数を作成します (それぞれ exercise_r、meal3_r、balance_r)。リコードにはこれまで同様に IF 関数を用います。

$$=IF(A2=1,3,IF(A2=2,2,IF(A2=3,1,"")))$$

有効回答の値の範囲は 1 から 3 までとなっていますので、それ以外の値を空欄とするようにします。

リコード済みの 3 つの変数を作成した後、それらを足しあわせて「健康志向スコア」を作成します。計算に先立ち、3 つの変数についてすべて有効回答が得られているケースに絞り込む必要があります。Excel では空欄は 0 と同じ扱いとなりますが、データ処理上の空欄は欠損を意味しているからです。「データ」の「並べ替えとフィルター」中の「フィルター」をクリックすると、変数名の隣にボタンが表示されます。それをクリックし、図 34-2 のように「(空白セル)」のチェックを外す作業を、作成したすべての新変数についておこなってください。すべて有効回答の得られているケースだけが表示されるので、新変数の列を作成し (変数名は「kenko」とします)、「=D2+E2+F2」と足し算の式を入力します。計算がうまくいくと、図 34-3 のように新変数が作成されます。

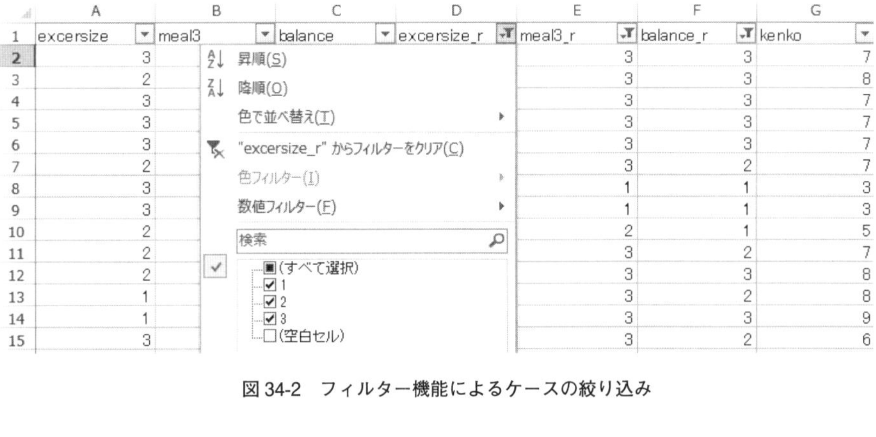

	A	B	C	D	E	F	G
1	excersize	meal3	balance	excersize_r	meal3_r	balance_r	kenko
2		3	昇順(S)		3	3	7
3		2	降順(O)		3	3	8
4		3			3	3	7
5		3	色で並べ替え(T) ▶		3	3	7
6		3			3	3	7
7		2	"excersize_r" からフィルターをクリア(C)		3	2	7
8		3	色フィルター(I) ▶		1	1	3
9		3	数値フィルター(F) ▶		1	1	3
10		2			2	1	5
11		2	検索 🔍		3	2	7
12		2	✓ ■(すべて選択)		3	3	8
13		1	☑1		3	2	8
14		1	☑2		3	3	9
15		3	☑3		3	2	6
			□(空白セル)				

図 34-2　フィルター機能によるケースの絞り込み

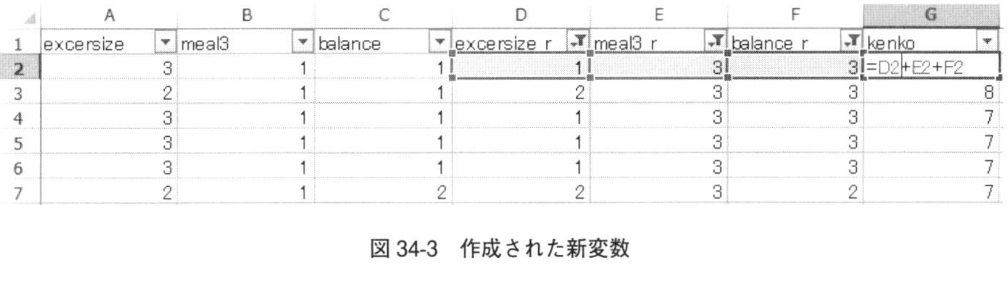

	A	B	C	D	E	F	G
1	excersize	meal3	balance	excersize_r	meal3_r	balance_r	kenko
2		3	1	1	1	3	3	=D2+E2+F2
3		2	1	1	2	3	3	8
4		3	1	1	1	3	3	7
5		3	1	1	1	3	3	7
6		3	1	1	1	3	3	7
7		2	1	2	2	3	2	7

図 34-3　作成された新変数

35

欠損値の処理

 ① 欠損値の取り扱いについて

　リコード、計算の作業を終えて必要な変数の準備が完了し、いよいよ集計、分析に入ります。事前準備を丁寧に、労力をかけておこなえば、それだけデータ分析も有意義なものになりますが、もう少しだけ下準備が必要です。

　【分析編5】で作成例を示した「健康志向スコア」(kenko) をみてみましょう（図35-1）。この変数は3つの変数を合計することで作られたものですので、どれか1つの変数で有効回答が得られていない場合、新変数にも値が存在しないことになります。たとえば、図35-1の18行目、28行目のケースは meal3（1日に3食を食べる）が無回答（9）となっています。無回答を0とするわけにはいかないので、無回答（ここでは空欄）を除いて新変数を作成した結果、18行目と28行目の「健康志向スコア」の値は空欄となります。

　調査データを分析する多くの場合、無回答などの無効な値をすべて除き、分析に用いるすべての変数が有効な値をとっているケースにデータを限定します。このときの無効な値のことを欠損値とよびます。欠損値を処理しないままデータを分析すると、しばしばその結果は解釈が難しいものとなります。

　すべての回答者がすべての質問に回答してくれることは現実にはなく、一部の回答者は、一部の質問に回答しないことがあります。あるいは、質問で想定されている対象ではないために回答できないこともあります。回答者が質問に回答しないことを無回答 (No Answer, NA) といい、回答が決められず「わからなかった」(Don't Know, DK) こととあわせて DK/NA と表記したりします。もう一方の例は質問の対象ではない場合に生じるので非該当といい、こちらも NA と表記しますが、無回答とは異なり Not Applicable の略です。

　社会調査データでは無回答や非該当である場合に、有効回答の値からは明らかにかけはなれた大きな値を割りあてることで、「このケースのこの変数の値は無回答 / 非該当ですよ」ということがわかるようにしています（無回答であれば999、非該当であれば888など）。もし、平

	A	B	C	D	E	F	G
1	excersize	meal3	balance	excersize_r	meal3_r	balance_r	kenko
18		3	9	1	1		3	
19		2	1	1	2	3	3	8
20		1	3	2	3	1	2	6
21		3	1	2	1	3	2	6
22		2	1	3	2	3	1	6
23		1	2	1	3	2	3	8
24		1	1	1	3	3	3	9
25		2	1	1	2	3	3	8
26		1	1	1	3	3	3	9
27		1	1	1	3	3	3	9
28		3	9	1	1		3	
29		2	2	1	2	2	3	7

図 35-1　欠損値の含まれる変数

均値などをもとめたときに異様に大きな値が算出されたときには、欠損値を含めていないかをチェックしましょう。また、度数分布表やクロス集計表を作成する際、有効回答のみを示す必要があるときには、事前に欠損値が含まれないようにしましょう（度数分布表やクロス集計表の作成については、【分析編 7、10】を参照してください）。

 ## Excel 上での欠損値処理のしかた

Excel 上で欠損値を処理するときには、これまでも登場している IF 関数とフィルター機能を用います。計算や加工をおこなう変数を新しいシートにコピーし、「データ」タブ、次に「フィルター」ボタンをクリックします。すると、変数名の書かれている 1 行目にボタンが表示されます (図 35-2)[1]。

変数のリコードをおこなう場合には、欠損値とみなす値について、「これが欠損ですよ」ということがわかるように IF 関数を作成します。欠損値の指定の方法は他にも考えられますが、本書では欠損である場合は空欄にします。具体的には、有効回答以外の値についてIF 関数中で空欄に変換するものです（「""」と入力します）。

変数の計算は、計算に用いるすべての変数について、変数名の右側のボタンから「(空白セル)」のチェックを外して作業を進めます。空欄が 0 と判断されて誤った処理をおこなってしまうためです。関係するすべての変数について「(空白セル)」のチェックを外して計算をおこなうと、欠損値の含まれないケースのみについて処理がおこなわれます。欠損値のあるケースも含めて画面に表示させたい場合は、再度変数名の右側のボタンをクリックし、「すべて選択」にチェックを入れます（【分析編 5】図 34-2 を参照してください）。

	A	B	C	D	E	F	G
1	excersize	meal3	balance	excersize_r	meal3_r	balance_r	kenko
2	3	1	1	1	3	3	7
3	2	1	1	2	3	3	8
4	3	1	1	1	3	3	7

図 35-2 Excel のフィルター機能

---

1 画面は Windows 版の Excel2013 によるものですが、他の OS、バージョンでも同様の機能は利用可能です。

度数分布表の作成

1 度数分布表の作成と確認

　欠損値処理を含めて分析に用いる変数の下準備を終えたところで、本格的にデータ分析に入っていくことになります。そのとき、用いる変数の度数分布表を確認することはデータ分析の一丁目一番地といっても過言ではありません。あまりに細かい量的変数であれば別ですが、変数の値や分布におかしなところがないか、変数の特徴がどのようなものかを検討するとても大切な作業です。

　表36-1は度数分布表の作成例です。サンプル全体で最後に通った学校の段階をたずねた質問にかんする変数です。一番左側には学校段階が記されており、これが変数の値に相当しています。通常、変数の値は表の一番左側（表側）に記載します。真ん中に「度数」という列があります。度数とは変数のある値をとるケースの数を意味しており、今回の例では各学校段階の人数ということになります。各値の度数を記載し、通常一番下の行に合計の度数を記載します。495という数値は、今回のデータで最終学校について有効回答のあったケース数を意味しています。最後に相対度数とは、サンプル全体を1としたときに各値の度数が占める比率を意味しています。たとえば今回のデモデータでは最終学校が中学校・高等学校で

表36-1　最終学校の度数分析表

	度数	相対度数
中学校・高等学校	138	0.279
専修学校（専門学校）・短期大学・高等専門学校	162	0.327
大学・大学院	195	0.394
総計	495	1.000

あった人は138名いますが、その相対度数は0.279で、言い換えれば27.9%を占めるということを意味しています。相対度数は、サンプルの大きさが異なるデータ同士を比べるときに役立ちます。

2 Excelによる度数分布表の作成

　ここでは、表36-1に示されている「最後に通った学校」（educ）の度数分布表の作成を例題とします。この変数を新しいシートにコピーした後で、必要に応じてリコードや欠損値の処理をおこないます。

　データの加工を済ませたら、度数分布表作成の手続きに入ります。「挿入」タブ、次に「ピボットテーブル」ボタンをクリックします。すると「ピボットテーブルの作成」というウィンドウが表示されます。「テーブル範囲」で集計に用いるデータを指定しますが、自動的に範囲が指定されますのでとくに操作は必要ありません。ピボットテーブルの配置場所については、新しいシートに作成しても、データが入力されている現在のシートに作成しても構い

図 36-1　ピボットテーブルによる度数分布表の作成

ません。「OK」を押すと、「ピボットテーブルのフィールド」が表示されます。

　「ピボットテーブルのフィールド」で必要な指定をおこない、度数分布表を作成します。加工済みの変数（今回は「educ」）にチェックを入れると、「行」という欄に「educ」が表示されます。次に、変数のリストから「educ」を「値」の欄にドラッグ＆ドロップすると、度数分布が表示されます。この段階では欠損値扱いとなっている空欄の度数もカウントされるので、「行ラベル」右側のボタンから空欄部分のチェックを外して有効回答の値のみ表示させます。すると、表 36-1 と同様の計 495 名の度数分布表ができあがります（図 36-1）。

　作成した表に相対度数の列を付け加える場合には、再び変数のリストから「educ」を「値」の欄にドラッグ＆ドロップし、表示された「データの個数 /educ2」をクリックします。するとメニュー中に「値フィールドの設定」という選択肢がありますので、それをクリックします。表示されたウィンドウの「計算の種類」をクリックし、「総計に対する比率」を選択して「OK」をクリックしてください（図 36-2）。以上の手続きによって、表 36-1 と同様の度数分布表を作成することができます。

図 36-2　「値フィールドの設定」による相対度数の設定

代表値をもとめる

 変数の中心を一言で表すための指標

　度数分布表を作成して変数の分布を調べるほかに、データの基礎的な分析段階では代表値とよばれる指標をもとめることもしばしばあります。とくに量的変数の場合には度数分布表は長大なものになりやすく、ある量的変数の値がサンプル全体で大体どの程度なのかを知るときには、情報量が多すぎて読み取りにくい場合があります。そのようなときに便利なのが代表値であり、平均値、中央値、最頻値がその代表例です。ここでは、サンプルデータの個人年収を例に、3つの代表値について順に説明します。

　表 37-1 は個人年収の度数分布表です 。個人年収は 12.5 万円から 700 万円まで幅広く分布していることがわかります。また、個人年収 300 万円までで全体の 74.5% 以上を占めており、それ以上年収の高いケースが少ないこともわかります。

　平均値は広く用いられる代表値で、統計分析になじみのないひとでも知っている有名な指標です。ふだん平均値とよぶものは正式には算術平均とよばれるもので、一つひとつの値をすべて足し上げ、全体のケース数で割ることでもとめられます。表 37-1 の例では、個人年収の平均は 231.54 万円になります。

　しかし、極端な値（外れ値）が含まれると、平均値がその値に引っ張られてしまうという弱点があります。その場合に用いられる他の代表値に、中央値があります。これは、分布の端から累積してちょうど 50% にあたるところの値を変数の中心とする指標です。表 37-1 に「累積相対度数」という列がありますが、これは相対度数を個人年収の最小値から順に足し上げてもとめるもので、最大値のところで 1 になります。累積相対度数が 0.394 に達するところの個人年収が 100 万円で、0.564 に達するところが 200 万円ですから、ちょうど 50% にあたる個人年収は 200 万円、つまり中央値は

表 37-1　個人年収の度数分布表

個人年収（万円）	度　数	相対度数	累積相対度数
12.5	78	0.166	0.166
50	43	0.091	0.257
100	64	0.136	0.394
200	80	0.170	0.564
300	85	0.181	0.745
400	64	0.136	0.881
500	35	0.074	0.955
700	21	0.045	1.000
合計	470	1.000	1.000

平均値は 231.54 万円
中央値は 200 万円
最頻値は 300 万円

1　代表値にかんするわかりやすい説明は、神林・三輪（2011）が参考になります。

2　もとの選択肢からコーディングしています。詳細は東大社研・若年壮年パネル調査 wave1 の問 47 を参照してください。

200万円になります。

　もうひとつの最頻値は、度数または相対度数がもっとも大きな値のことです。今回の例では、300万円の相対度数が0.181で最大なので、最頻値は300万円です。最頻値は度数のみで導きだすことができ、外れ値の影響も受けにくいのですが、最頻値が1つに定まらないことがあるという弱点があります。

 ## Excel上で代表値をもとめる

　以下では、ピボットテーブル機能を用いて平均値、中央値、最頻値をもとめる手順を説明します。ここでも個人年収変数を例にして解説します。ピボットテーブルで分析をおこなうところまでの事前準備についての説明は省略します。

　まず平均値ですが、新たに作成した個人年収変数（ここでは「income_1r」）を「ピボットテーブルのフィールド」の「値」ボックスに移します。そして、「値」の「合計 /income_1r」をクリックして「値フィールドの設定」を開いてください。「集計方法」で「平均」を選択して「OK」をクリックすれば、平均値が計算されます（図37-1）。平均値などの算出の際には空白セルは除外されますが、有効な値のケース数を知りたい場合には「集計方法」で「数値の個数」を選択します。

　中央値をもとめるには、「行」と「値」の欄に「income_1r」をドラッグ＆ドロップし、「値フィールドの設定」から「集計方法」で「数値の個数」を選び、「計算の種類」に「比率の累計」という項目がありますので、それを選択して「OK」をクリックしてください。50%目の含まれている値が、中央値になります。空白があっても結果は変わりませんが、気になる場合はフィルターで空白を除きます。最頻値は度数分布表でもっとも度数の大きな値です。

図37-1　ピボットテーブルによる平均値の算出方法

【参考文献】

神林博史・三輪哲，2011，『社会調査のための統計学』技術評論社.

38

散布度をもとめる

1 データの散らばり具合を数量化する

　変数の特徴としては、分布の中心（代表値）だけでなくデータの散らばり具合も重要な点です。データの散らばりの度合いを散布度といい、散布度にもいくつかの指標があります。散布度には範囲、四分位範囲、分散、標準偏差、変動係数などがあります。

　【分析編8】でもとりあげた個人年収の変数に再び登場してもらいましょう。範囲は、分布の最大値から最小値を引いた値のことです。最大値は700、最小値は12.5ですから、範囲は687.5です。非常に簡単にもとめられるのが利点ですが、外れ値が存在すると範囲も異様に大きくなります。

　四分位範囲とは、サンプルを四等分したときの切れ目となる値（四分位数）のうち、第1の切れ目（第一四分位数）と第3の切れ目（第三四分位数）の範囲のことをいいます。第一四分位数は下から25%にあたるところの値、第三四分位数は上から25%にあたるところの値です。最大・最小値を用いる範囲とは異なり、外れ値の影響を受けにくいことが強みです。個人年収変数の第一四分位数は50万円、第三四分位数は400万円ですので、四分位範囲は350万円です。

　分散は、多くの統計分析の場面で登場する重要な指標です。範囲や四分位範囲とは異なり、分散はその算出にすべてのケースの情報を用います。変数の平均値をもとめ、すべてのケースの値について平均値からどれだけ離れているのかをもとめます（平均偏差とよびます）。平均値よりも大きな値をとるケースもあれば、小さな値をとるケースもあります。平均偏差をすべてのケースについて合計するとゼロになってしまうので、すべてのケースについてもとめた平均偏差を二乗します。このようにすることで、平均値よりもプラスの方向に離れているケースの値も、マイナスの方向に離れているケースの値も、同じように散らばりが大きいものとして扱うことができます。平均偏差の二乗をすべてのケースについて足しあわせ、ケース数で割ったものが分散です。現実のデータ分析では、「ケース数 − 1」で割った不偏分散を用います[1]。今回の例では、分散は33458.57です。不偏分散の式は次のとおりです。

$$s^2 = \frac{\sum_i (x_i - \bar{x})^2}{n - 1} \qquad (9\text{-}1)\ 式$$

　分散は計算の過程で二乗をおこなっていますから、もとの変数の単位にはなっていません。

1　関心のある人は、林編（2012）なども参考にしてみましょう。

そこで、もとめた分散の平方根（ルート）をとってもとの単位に戻したものが標準偏差とよばれる指標です。33458.57 の平方根をとって、標準偏差は 182.92 万円です。

　最後の変動係数は、標準偏差を平均値で割ることで算出されます。変動係数がとくに重要となるのは、2つ以上のグループで散布度を比較したい場合です。たとえば、男性と女性とでは個人年収の平均値が異なり、男性のほうが平均値は高いと予想されます。値が大きいと、それだけ分散、そして標準偏差が大きくなりやすいので、仮に個人年収の標準偏差が男性について大きいとしても、そこには平均値自体の大きさも反映されている可能性があります。標準偏差を平均値で割ることで、平均値の大きさはグループ間で調整されることになりますから、変動係数はグループ間で散布度の比較をおこなうときには役立ちます。今回の個人年収のデータの変動係数は、平均値が 231.54 万円なので 0.79 です。

2 Excel 上で散布度をもとめる

　Excel のデータシート上でも（不偏）分散やその標準偏差をもとめることができますが、ここではこれまでと同様にピボットテーブルを利用して散布度をもとめます。ここでとりあげた散布度のうち、範囲は度数分布表の最大値と最小値からもとめることができ、四分位範囲は累積相対度数をもとめ、下から 25% 目のケースが含まれる値を上から 25% 目のケースが含まれる値から差し引けば得られます。

　分散については、まず「ピボットテーブルのフィールド」から分散を計算したい変数を「値」と「フィルター」にドラッグ＆ドロップします。「値」の「値フィールドの設定」を開き、「集計方法」で「標本分散」を選択して「OK」をクリックすると不偏分散が算出されます。同じく「集計方法」で「標本標準偏差」を選択して「OK」をクリックすれば、不偏分散についての標準偏差をもとめられます（図38-1）。

図 38-1　分散と標準偏差の算出

【参考文献】

林拓也編，2012，『社会統計学入門』放送大学教育振興会.

2重クロス集計表の作成

 ## 2つの質的変数の関係を探る

　ここまでは、主に1つの変数の特徴を明らかにするための方法について解説してきましたが、ここからは2つの変数の関係をとらえるための方法について説明します。ここでは、社会調査データの分析で頻繁に用いるクロス集計表について解説します。

　クロス集計表の基本は、2つの変数を用いた2重クロス集計表です。2変数を組みあわせて（かけあわせて）集計をおこなうことから、2変数をクロスさせる、と表現したりすることがあります。表39-1は2重クロス集計表の例で、「あなたは、自分の健康状態についてどのようにお感じですか」という質問（主観的健康）と、生活全般についてどのくらい満足しているかという質問にかんする変数をクロスさせたものです。

　表のなかでは、2変数のそれぞれの値の組に該当する度数が書かれています。たとえば、主観的健康状態が「とても良い＋まあ良い」で生活満足感が「どちらかといえば不満＋不満」である度数は21です。これらの度数が書かれている箇所のことをセルといい、クロス集計表ではとくにセル度数とよびます。あえてこのようによぶのは、クロス集計表にはほかに行周辺度数と列周辺度数があるためです。行周辺度数はクロス集計表の行にあたる変数の度数分布で、表39-1の例では主観的健康状態の度数分布を指します。これに対して列周辺度数は列にあたる変数の度数分布で、表39-1では生活満足感の度数分布のことを意味します。行周辺度数、列周辺度数の合計は等しくなり、合計のことを総度数とよびます。

　ところで、2重クロス集計表の作成にあたり、セル度数では2変数の関係がとらえにくいことがあります。行周辺度数や列周辺度数をみればわかるとおり、各行、各列の度数が異なるため、単純に度数の大きさだけで2変数の関係を論じることができないためです。このような場合には、各行または各列について相対度数をもとめることで2変数の関係がわかりやすくなります。相対度数はパーセンテージで表記することが多く、行、列についてもとめたものをそれぞれ行％、列％とよびます。

　行％は、各行の周辺度数を分母とし、その行に対応するセル度数を分子にすることでもとめられます。たとえば、主観的健康状態が「良い」で生活満足感も「満足」

表39-1　2重クロス集計表の例

主観的健康状態	生活満足感		行周辺度数
	満足＋どちらかといえば満足	どちらかといえば不満＋不満	
とても良い＋まあ良い	235	99	334
行%	70%	30%	100%
列%	73%	59%	68%
あまり良くない＋悪い	87	69	156
行%	56%	44%	100%
列%	27%	41%	32%
列周辺度数	322	168	490
行%	66%	34%	100%
列%	100%	100%	100%

であるセル度数は 235 ですから、相対度数は 235 ÷ 334=0.704 となり、パーセンテージで表すと 70.4% となります。各列の行 % をすべて足すと 100% になります。多くのクロス集計表では、セル度数とあわせて行 % を表記することが多いので、その計算には慣れておきましょう[1]。

　列 % は、各列の周辺度数を分母とし、その列に対応するセル度数を分子にすることでもとめられ、計算は行 % と同じです。上記のセル度数について列 % をもとめると、235 ÷ 322=0.73=73% です。列 % についても、各列の列 % の合計は 100% になります。

 ## Excel による 2 重クロス集計表の作成

　ピボットテーブルを用いることで、2 重クロス集計表も簡単に作成できます。「ピボットテーブルのフィールド」から行、列にあたる変数をそれぞれ移します（変数のリコード、欠損値の処理手順については省略します）。欠損値は空白になっていますので、フィルター機能を使って空白を集計表から除外します。それから、「値」のボックスに 2 変数のうちいずれかをドラッグ & ドロップし、「値フィールドの設定」→「集計方法」→「データの個数」を選択して「OK」をクリックしてください。

　行 %、列 % を計算する場合は、「値フィールドの設定」→「集計方法」→「データの個数」を選択してから「計算の種類」→「行集計（列集計）に対する比率」を選択し、「OK」をクリックしてください。

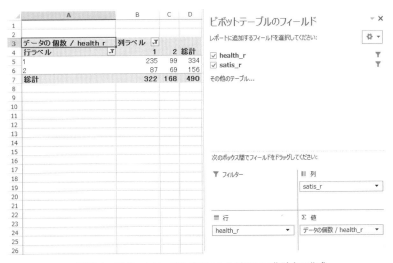

図 39-1　ピボットテーブルを用いた 2 重クロス集計表の作成

1　行 % を利用することが多いのは、慣例として行に原因と考えられる変数、列に結果となる変数を配置して分析をおこなうためです。原因となる変数のことを説明変数（独立変数）、結果となる変数のことを被説明変数（従属変数）とよびます。

hapter 分析編 11 40

関連の測度

① 2つの質的変数の関連の強さを表現する

2重クロス集計表を作成し、行％を計算することで、2つの質的変数の関連がみえてきます。表40-1は、サンプルデータから作成した性別と最終学校（「大卒」か否か）にかんする2重クロス集計表です。これをみると、男性の45％が大学を出ているのに対し、女性の割合は31％にとどまります。両者の差は14ポイント[1]あるため、性別と大卒か否かの間には関連があり、男性は女性に比べて大卒割合が多いということが読み取れます。

しかし、比率や割合の差では、2変数の関連をうまく表現できない場合もあります。仮に男女の大卒割合をそれぞれ30％、16％とするとき、やはり割合の差は14ポイントです。しかし、45％対31％と30％対16％では、なんとなく意味合いが違うようにみえませんか。

このような場合にオッズ比とよばれる指標が役に立ちます。オッズとは、ある結果が生じる確率と生じない確率の比のことをいいます。表40-1の例では、男性が大卒であるオッズは 0.45 ÷ 0.55=0.82、女性が大卒であるオッズは 0.31 ÷ 0.69=0.45 です。オッズ比は、これらオッズの比のことをいいますので、男性が大卒であるオッズと女性が大卒であるオッズの比をとればよいことになります。オッズ比を計算すると、0.82 ÷ 0.45=1.82 となります。この数値は、「男性のほうが女性よりも1.82倍大卒でありやすい」と解釈できます。もし男性と女性の大卒割合が30％、16％である場合、オッズ比は (0.3 ÷ 0.7) ÷ (0.16 ÷ 0.84) =2.25 となります。互いにある程度の水準の割合である場合と、一方の割合が極端に大きい（あるいは小さい）場合では、同じ割合の差でもその意味するところが異なっていてもおかしくありません。そのような違いを、オッズ比でとらえることができます。

ほかにも、2つの質的変数の関連の測度として簡便なものにファイ係数（四分点相関係数）とよばれるものがあります。【準備編2】で「問いの立て方の1つに関連をとりあつかうものがある」と述べましたが、2変数の関連を正負の方向で表現できると便利なことがあります。表40-1は一方の質的変数が名義尺度ですのでうまい例とはいえませんが、2つの質的変数がともに順序尺度である場合は、「○○と△△の間には、プラス（マイナス）の関連がある」「○○が大きいほど、△△も大きい（小さい）」などの表記が可能になります。ファイ係数は－1から+1までの範囲の値をとり、－1に近いほどマイナス、+1に

表40-1　性別と大卒か否かのクロス集計表

	非大卒	大卒	総計
男性	132	108	240
行%	55%	45%	100%
女性	175	80	255
行%	69%	31%	100%
総計	307	188	495
行%	62%	38%	100%

1　比率、割合の差は「○○％」ではなく、「○○％ポイント」や「○○ポイント」と表現するようにしましょう。

近いほどプラスの関連が強く、0のとき無関連であることを意味します。

a	b	a+b
c	d	c+d
a+c	b+d	

図 40-1　2 重クロス集計表のセル

　以上の関連の測度 (連関係数) は 2 × 2 のクロス集計表、つまり 2 つの質的変数のカテゴリーの数がともに 2 つである場合に計算可能なものです。2 × 2 のクロス表のセルはそれぞれ図 40-1 のように a、b、c、d に分割できます。オッズ比、ファイ係数の計算式を文字により一般的に表現すると、オッズ比は（a × d）÷（b × c）、ファイ係数は

$$\frac{ad-bc}{\sqrt{(a+b)(c+d)(a+c)(b+d)}}$$

でもとめることができます。この式にしたがってオッズ比とファイ係数をもとめると、それぞれ 0.56、− 0.14 となります。オッズ比は先の数値と異なりますが、この式はセル d の起こりやすさに対するセル b の起こりやすさとしてオッズ比が定義されていますので、性別の順序を逆にすれば、同じ値が得られます。ファイ係数は負の値が得られていますが、これはたとえば性別について男性を 1、女性を 2、最終学校について非大卒を 1、大卒を 2 としたときに得られる値です。

　もちろん 3 つ以上のカテゴリーからなる質的変数を 2 つのカテゴリーにまとめて連関係数を計算することもできますが、解釈が難しくなる場合は避けたほうがよいでしょう。3 つ以上のカテゴリーからなる質的変数の連関係数もいくつかありますが、そのうちのクラメールの V 係数については、【分析編 12】で補足的に説明します。

2　Excel による関連の測度の計算

　Excel 上では、ピボットテーブル機能によりクロス集計表を作成した後で、図 40-2 のように関数をセルに打ち込んで関連の測度を計算します。必要なセル度数はすでに集計されていますので、図のように計算式に沿って対応するセルを選択すれば、容易に関連の測度を計算することができます。

	A	B	C	D	E
1					
2					
3	データの個数 / sex	列ラベル			
4	行ラベル	1	2	総計	
5	1	132	108	240	
6	2	175	80	255	
7	総計	307	188	495	
8					
9	オッズ比（大卒女性オッズに対する大卒男性オッズの比）				
10	=C5/B5	0.81818182			
11	=C6/B6	0.45714286			
12	=B10/B11	1.78977273			
13					
14	ファイ係数				
15	=B5*C6-C5*B6	-8340			
16	=sqrt(D5*D6*B7*C7)	59432.476			
17	=B15/B16	-0.1403273			
18					

図 40-2　Excel による関連の測度の計算例

 2つの質的変数の関連が母集団に一般化できるかを検証する

　クロス集計表の作成や関連の測度 (%、オッズ比、ファイ係数など) の計算を通じて、2つの質的変数の関連について分析するための方法をここまで紹介してきました。しかし、クロス集計表から得られる結果はあくまで得られたサンプルのなかでの話です。私たちがサンプルの計量分析を通じて知りたいのは、サンプルのもととなる母集団の特徴についてです。これはクロス集計表だけでなく、【分析編13, 14】で紹介する平均値の分析についても同様です。サンプルの計量分析の結果が母集団に一般化できるのかについては、統計的仮説検定とよばれる一連の手続きによって検証することができます。ここでは、クロス集計表にかんする統計的仮説検定の方法であるカイ二乗検定について説明します[1]。

 カイ二乗検定の考え方と手順

　カイ二乗検定は、行周辺度数と列周辺度数から予測されるセル度数 (期待度数) と、実際のセル度数 (観測度数) のズレの大きさから、2つの質的変数の間に関連があるのかを検証する方法です。i行j列のセルの期待度数は、(12-1) 式でもとめられます。$f_{i.}$ は i 行、$f_{.j}$ は j 列の周辺度数、$f_{..}$ はクロス集計表全体の度数、そして f_{ij} は i 行 j 列のセルの期待度数を意味します。

$$\hat{f}_{ij} = \frac{f_{i.} \times f_{.j}}{f_{..}} \qquad (12\text{-}1) \ 式$$

　カイ二乗検定では、母集団でのクロス集計表がもとめられた期待度数によって構成されているとひとまず考えます。周辺度数のかけ算による期待度数で構成されたクロス集計表については、行%、列%はカテゴリーの間ですべて等しくなります。つまり2つの質的変数の間には関連がないという状態を意味しており、「統計的に独立である」と表現することがあります。

　次の段階では、2つの質的変数の間に関連がないクロス集計表との比較から、実際のクロス集計表がどの程度違っているのかを定量化します。観測度数と期待度数の差をもとめて二乗し、各セルの期待度数で割る作業をすべてのセルについておこない、合計した値 (カイ二乗値) をもとめます。以上の計算を式で表すと、次のとおりです。

1　統計的仮説検定一般の考え方については、統計学のテキストを参照してください。

$$\chi^2 = \sum_i \sum_j \frac{(f_{ij} - \hat{f}_{ij})^2}{\hat{f}_{ij}} \qquad \text{(12-2) 式}$$

カイ二乗値とクロス集計表の自由度から、実際のクロス集計表について2つの質的変数が統計的に独立であるといえるか否かを確率的に評価します。クロス集計表の自由度とは、周辺度数を固定した場合に自由に値を決められるセルの数を意味します。行数を I、列数を J とするとき、自由度 $d.f.$ は $d.f.=(I-1)\times(J-1)$ と一般的に表記できます。たとえば3×2のクロス集計表の場合、自由度は(3－1)×(2－1)=2となります。6つのセルのうち2つについて値が定まると、残りのセル度数の値は周辺度数との引き算で自動的に決まります。

計算したカイ二乗値はカイ二乗分布という確率分布にしたがい、その形状は自由度によって異なります。その分布にもとづき得られたカイ二乗値の生じる確率が計算され、一定水準の確率よりも大きければ、2つの質的変数の間には関連がなく（独立である）、小さければ関連がある（独立ではない）と判断することになります。この基準となる確率のことを有意水準とよび、1%や5%、場合によっては10%に設定されることが慣習的です。

3 Excelを用いた検定の実際

Excelによるカイ二乗検定には大きく2つの方法があります。図41-1は、性別と「仕事で成功することがどれほど重要か」のクロス集計表です。1つの方法は、期待度数、カイ二乗値、自由度を計算した後で、「=CHISQ.DIST.RT（カイ二乗値，自由度）」という関数で確率を計算します。もう1つの方法は、期待度数を計算した後で、「=CHISQ.TEST（観測度数の範囲，期待度数の範囲）」という関数で確率を計算します。図41-1の結果は確率が0.0025で5%の有意水準よりも小さく、性別と仕事で成功することの重要さの間には関連があると判断できます。どのような関連があるのかは、%や連関係数を計算して解釈します。男性のほうが、女性よりも仕事で成功することを重要だと考える傾向があると読み取れます。

	A	B	C	D	E	F	G	H	I	J	K
1	観測度数						期待度数				
2		仕事で成功すること						仕事で成功すること			
3	性別	とても重要	少し重要	重要でない	総計		性別	とても重要	少し重要	重要でない	総計
4	男性	116	84	38	238		男性	97.5	99.9	40.6	238
5	女性	86	123	46	255		女性	104.5	107.1	43.4	255
6	総計	202	207	84	493		総計	202	207	84	493
7											
8	(観測度数−相対度数)^2						(観測度数−相対度数)^2/期待度数				
9		仕事で成功すること						仕事で成功すること			
10	性別	とても重要	少し重要	重要でない			性別	とても重要	少し重要	重要でない	
11	男性	341.61	253.80	6.51			男性	3.50	2.54	0.16	
12	女性	341.61	253.80	6.51			女性	3.27	2.37	0.15	
13											
14	合計(カイ二乗値)		11.99								
15		自由度	2								
16		確率	0.0025	=CHISQ.DIST.RT(11.99,2)							
17			0.0025	=CHISQ.TEST(B4:D5,H4:J5)							
18											

図41-1　カイ二乗検定の結果

2　計算したカイ二乗値から、クラメールの連関係数とよばれる指標をもとめることができます。計算式は $\sqrt{\frac{\chi^2}{n\times(\text{行数}-1\text{ または列数}-1\text{ のうち小さい方})}}$ で0から1の間の値をとり、関連が強いほど1に近くなります。

平均値の比較（1）：
対応のない t 検定の方法

　異なる２つのグループ間での平均値に違いがあるかを検討する

　調査によって得られたデータのなかには、もともと連続変数として用いるべきものや、質的変数であっても変数の計算・加工により連続変数とみなして用いるものがあります。このような変数に注目し、さらに比較の視点をとりいれて研究を進める場合、グループの間で平均値に違いがあるのかを検討することが有効です。ここでは、２つのグループの間で比較をおこなう方法について解説します[1]。同一の集団について、比較可能な２つの連続変数の平均値について分析する方法もあります。詳細は【分析編14】を参照してください。

　対応のない t 検定の考え方と手順

　男性と女性、未成年と成人などのように、全体を２つのグループで分割したうえで、注目する従属変数の平均値に違いがあるのかを検討する場合、対応のない t 検定という方法を用います。カイ二乗検定と同様、得られた平均値の差が母集団にも一般化できるのかを確率的に評価するために、t 検定では t 値とよばれる指標を計算します。

　対応のない t 検定では、サンプルについて得られた平均値の差が母集団に一般化できるのかを検証します。ひとまず２つのグループの間で平均値に差がないと考え、その状況下で得られた t 値の生じる確率をもとめます。もとめた確率が有意水準よりも大きければ、サンプルについてみられた平均値の差は誤差の範囲内だと考え、母集団では差がないと判断します。確率が有意水準でも小さければ、母集団においても平均値に差があると判断します。

　条件により、t 値の計算には２通りの方法があります。条件のうちとくに重要なのは、２つのグループについて従属変数の母分散が等しいか否か（等分散性の仮定）です。この条件を満たしている場合、t 値は（13-1）式から計算されます。y は従属変数の平均値、s^2 は標本分散、n はグループの大きさ（ケース数）、下付きの１と２はグループ名を意味します。

1　3つ以上のグループ間で平均値の比較をおこなう場合、分散分析という方法を用いることになります。

$$t = \frac{\bar{y}_1 - \bar{y}_2}{\sqrt{\dfrac{s_1^2}{n_1} + \dfrac{s_2^2}{n_2}}} \quad , \quad s^2 = \frac{(n_1 - 1)s_1^2 + (n_2 - 1)s_2^2}{n_1 + n_2 - 2} \qquad \text{(13-1)　式}$$

　また、やはりカイ二乗検定と同様に、t 検定でも自由度を計算します。等分散性の仮定を満たす場合の自由度は、$d.f. = n_1 + n_2 - 2$ によりもとめられます。

　等分散性の仮定を満たさない場合、ウェルチの方法とよばれる手続きで t 検定をおこないます。ウェルチの方法では（13-2）式により自由度を計算します。

$$d.f. = \frac{(n_1 - 1)(n_2 - 1)}{(n_2 - 1)C^2 + (n_1 - 1)(1 - C)^2}, \qquad C = \frac{\dfrac{s_1^2}{n_1}}{\dfrac{s_1^2}{n_1} + \dfrac{s_2^2}{n_2}} \qquad \text{(13-2)　式}$$

　計算された t 値は t 分布という確率分布にしたがい、自由度によりその形状が異なります。得られた t 値と自由度からその t 値の生じる確率をもとめ、有意水準（慣習的には 0.05）よりも大きければ 2 つのグループの間で平均値に有意な差があるとはいえず、小さければ有意な差があると判断します。

 ## Excel を用いた検定の実際

　Excel により対応のない t 検定をおこなう場合、ピボットテーブル機能を用いて 2 つのグループについて従属変数の平均値、標本分散、そして各グループの n をもとめます。ここでは、「ふだんの生活での頻度」のうち「食事の用意」「洗濯」「家の掃除」「日用品・食料品の買い物」の 4 項目について、「週に 3 回以上＝ 3 点」「週 1 日程度＝ 2 点」「ほとんどしない＝1 点」として、合計点を家事頻度のスコアとして男女間での比較をおこないます。

　表 42-1 のように平均、標本分散、n の 3 つの情報があれば、t 検定をおこなうことができます。今回のデータからは、t 値は $(6.36 - 9.12) \div \sqrt{(4.91 \div 237) + (4.91 \div 249)} = -2.76 \div 0.2 = -13.8$ となります（4.91 は（13-1）式の s^2）。等分散性を仮定する場合、自由度は 237+249 － 2=484、等分散性を仮定しない場合は、$C = (3.48 \div 237) \div \{(3.48 \div 237) + (6.27 \div 249)\} = 0.375$ で、自由度は $(237 - 1)(249 - 1) \div \{(249 - 1)\,0.375^2 + (237 - 1)(1 - 0.375)^2\} = 459.9$ となります。t 値と自由度を計算したうえで、Excel で「=T.DIST.2T（ABS（t 値），自由度）」という関数を入力します。今回の例では、等分散性の仮定を満たすか否かにかかわらず、計算された確率は明らかに 0.05（5％ の有意水準）を下回っています。以上から、男性と女性の間で家事頻度のスコアの平均値には有意な差があり、女性のほうが男性よりも家事頻度が高いと結論できます。

表 42-1　家事頻度のスコアの男女別平均値

	平均	標本分散	n
男性	6.36	3.48	237
女性	9.12	6.27	249

Chapter 分析編 14 43

平均値の比較（2）：
対応のある t 検定の方法

 同一対象のなかで平均値の比較をおこなう

　平均値の差を分析する状況は、2つのグループの比較だけではありません。たとえば、あるプログラムの受講前後でテスト得点がどれだけ変化したか、あるいはカップルを単位として夫と妻の家事時間の長さがどれだけ異なるかなど、同一の対象について比較可能な2つの測定が得られている場合に、母集団におけるそれぞれの平均が等しいかどうかを比較したい場合があります。このような場合には、【分析編13】でとりあげた方法とは異なる t 検定をおこなう必要があります。2つの測定が同一の対象に対応づけられているような場合におこなう t 検定を、対応のある t 検定とよびます[1]。

 対応のある t 検定の考え方と手順

　対応のない t 検定と考え方が少々異なりますが、対応のある t 検定でも分析の手順はほぼ同じです。対応関係にある2つの変数の平均値が母集団においては等しいとひとまず考えたうえで、対応のある t 検定に即した t 値と自由度を計算し、その t 値の生じる確率をもとめ、有意水準よりも大きいか否かを調べることになります。得られた確率が有意水準よりも大きければ、2つの変数の平均値は母集団において等しいと判断し、小さければ母集団においてそれらの平均値に差があると判断します。t 値の計算は（14-1）式のとおりです。

$$t = \frac{\bar{y}_1 - \bar{y}_2}{\sqrt{\dfrac{s_{y_1}^2}{n} + \dfrac{s_{y_2}^2}{n} - \dfrac{2r_{y_1 y_2} s_{y_1} s_{y_2}}{n}}}$$ 　　　　（14-1）式

　$\bar{y}_1$ と $\bar{y}_2$ は対応する2つの変数の平均値、$s_{y_1}^2$ と $s_{y_2}^2$ は対応する2つの変数の標本分散、$r_{y_1 y_2}$ は対応する2つの変数の相関係数[2]、s_{y_1} と s_{y_2} は対応する2つの変数の標本標準偏差、そして n は対象数です。対応のある t 検定の場合、自由度は $n-1$ で計算されます[3]。

1　なお、プログラムを受講した集団としていない集団の比較、有配偶男性と有配偶女性の比較をおこなう場合は、対応のない t 検定をおこなうことになります。

2　相関係数については【分析編15】を参照してください。

3　対応のない t 検定とは異なり、サンプルが同一の母集団から抽出されていると考えるため、対応のある t 検定では自由度が $n-1$ となります。

Excel を用いた検定の実際

　ここでは結婚しているカップルを対象に、夫と妻の間で個人年収の平均値に差があるのかどうかを分析してみましょう。まず、夫と妻それぞれの個人年収変数を作成する必要があります。それぞれの変数は、回答者の性別の情報をもとに作成できます。ここでの A 列は性別（変数名は sex で 1 ＝男性、2 ＝女性）、B 列は回答者本人の個人年収（変数名は income_1）、C 列は配偶者の個人年収（変数名は income_2）の情報です。男性の場合は本人年収を夫、配偶者年収を妻の情報とし、逆に女性の場合は本人年収を妻、配偶者年収を夫の情報として用いることになります。

(1) 夫変数：回答者が男性の場合本人の値、女性の場合配偶者の値

　　関数例 :=IF(A2=1,B2,IF(A2=2,C2,""))

(2) 妻変数：回答者が男性の場合配偶者の値、女性の場合本人の値

　　関数例 :=IF(A2=1,C2,IF(A2=2,B2,""))

　夫と妻の個人年収変数が作成できたら、リコードをおこないます。【分析編 3】を参考に IF 関数を入力しますが、無回答のほか、配偶者の年収については「10 ＝配偶者がいない」も有効回答から除外することに注意してください。ここまでの作業が完了したら、分析する 2 つの変数を別のシートにコピーします。Excel の関数をそのまま貼りつけないよう、値のみを貼りつけるように設定してください。コピーができたら、フィルター機能を使って夫、妻の収入変数の両方について、有効な値だけに絞り込んでください。値を絞り込んだ 2 つの変数をさらに新しいシートにコピー & ペーストできたら、分析の準備は完了です。

　ここまで作業を終えたら、2 通りの方法で対応のある t 検定がおこなえます。1 つは「T.TEST」という関数を用いる方法です。「=T.TEST（1 つめの変数の列, 2 つめの変数の列, 2, 1）」と入力すると、t 検定の結果計算された確率を直接表示してくれます。もう 1 つは自分で必要な数値を計算し、定義式から t 値を求め、「=T.DIST(ABS(t 値), 自由度)」から確率をもとめる方法です。得られた確率は 5% の有意水準を明らかに下回っていますから、母集団においても夫と妻の個人年収平均値に差があると判断します。

	A	B	C	D	E	F	G
1	income_h	income_w		平均 / income_h	標本分散 / income_h2	標本標準偏差 / income_h3	データの個数 / income_h4
2	50	50		424.4444444	24622.59466	156.915884	180
3	50	400					
4	100	12.5		平均 / income_w	標本分散 / income_w2	標本標準偏差 / income_w3	データの個数 / income_w4
5	100	200		158.8194444	35064.06638	187.2540157	180
6	100	700					
7	200	12.5		相関係数	0.072000888	=CORREL(A:A,B:B)	
8	200	12.5					
9	200	12.5		t 値の分子	265.625	=D2-D5	
10	200	12.5		t 値の分母	17.55237214	=SQRT((E2/G2)+(E5/G5)-(2*E7*F2*F5/G2))	
11	200	12.5		t 値	15.13328215	=E9/E10	
12	200	12.5					
13	200	50		確率(p 値)	7.46745E-34	=T.DIST.2T(E11,179)	
14	200	100					
15	200	200		「T.TEST」を用いる場合の p 値			
16	200	200		7.46745E-34	=TTEST(A:A,B:B,2,1)		
17	200	200					

図 43-1　対応のある t 検定の分析結果例

相関係数（1）：
基本的な考え方

 ２つの量的変数の関連を調べる

　２つの量的変数の関連を知りたいとき、まず考えるべきなのは、それらの２変数がどのような関係にあるかを予想することです。①一方の変数の値（x_1）が高いほどもう一方の変数の値（x_2）も高い傾向がある、または、②一方の変数の値（x_1）が高いほどもう一方の変数の値（x_2）は低い傾向があるという関係が典型的な例です。その他にも、③一方の変数の値（x_1）が極端に高い場合はもう一方の変数の値（x_2）は極端に低いが、一方の変数（x_1）の値が真ん中ぐらいの場合はもう一方の変数の値（x_2）は極端に高いといったような少し複雑な関係もあるでしょう。

　そして実際にその２変数がどのような関係にあるのかを知るもっとも簡単な方法は、散布図を描くことです。Excel で散布図を描くには、任意の２変数を選択して、「挿入」タブの「グラフ」のなかにある「散布図」を指定し、縦軸と横軸にそれぞれの変数を指定します。こうすることで視覚的に、２変数がどのような関係にあるかを理解できるはずです。x_1 を縦軸、x_2 を横軸にした場合、先ほどの①のような事例では、各ケースを表す点が左下のほうから右上のほうへと散らばっているはずですし、②のような事例では、反対に左上のほうから右下のほうへと点が散らばっています。③のような事例ではグラフのなかで点がＵ字型を描くように散らばるはずです。ただしここで問題なのは、視覚的に２変数の関係が理解できたとしても、たいていの場合、それを文章や数値で記述する必要があることです。

 ピアソンの積率相関係数

　そこで、量的な２変数間の関連を記述するときには相関係数を用います。統計学において相関係数は、変数の種類によって複数使い分けられていますが、ここではもっとも一般的なピアソンの積率相関係数 r について解説します。この相関係数は、以下の式でもとめられます。

$$r_{x_1 x_2} = \frac{\sum_{i=1}^{n}(x_{1i} - \bar{x}_1)(x_{2i} - \bar{x}_2)}{\sqrt{\sum_{i=1}^{n}(x_{1i} - \bar{x}_1)^2}\sqrt{\sum_{i=1}^{n}(x_{2i} - \bar{x}_2)^2}} \qquad \text{(15-1) 式}$$

ここで、x_{1i} と x_{2i} はケース i における変数 x_1 と x_2 の値、x_1 と x_2 は変数 x_1 と x_2 の平均値、n はケース数です。こうして計算された変数 x_1 と x_2 相関係数の範囲は $-1 \leqq r_{x_1 x_2} \leqq 1$ となります。

　相関係数は、その値から相関の向きと強さの情報を示しています。相関の向きとは、①一方の変数の値（x_1）が高いほどもう一方の変数の値（x_2）も高い傾向があるという関係と、②一方の変数の値（x_1）が高いほどもう一方の変数の値（x_2）は低い傾向があるという関係の違いを意味しています。①の関係を正の相関、②の関係を負の相関といい、これが相関係数の符号に相当します。相関関係の強さとは、変数 x_1 と x_2 がどれくらい強く関連しているかを示す程度のことで、相関係数の絶対値で表現されています。図44-1 は、2変数間の関連を散布図で示し、そのときのおよその相関係数を示しています。相関係数の絶対値が大きいほど相関が強くなっていることがわかるでしょう。

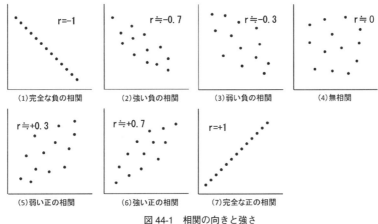

図44-1　相関の向きと強さ

 ## 共分散と相関係数

　相関係数の性質は上記のとおりですが、相関係数の式は煩雑で覚えるのも大変です。そこでもう少し理解を深めるために、（15-1）式を次の（15-2）式のように少し変換します。

$$r_{x_1 x_2} = \frac{\dfrac{\sum_{i=1}^{n}(x_{1i} - \bar{x}_1)(x_{2i} - \bar{x}_2)}{n-1}}{\sqrt{\dfrac{\sum_{i=1}^{n}(x_{1i} - \bar{x}_1)^2}{n-1}} \sqrt{\dfrac{\sum_{i=1}^{n}(x_{2i} - \bar{x}_2)^2}{n-1}}} \qquad \text{（15-2）式}$$

　こうすると、分母は x_1 と x_2 の標準偏差の積になっていることがわかります。分子の部分は変数 x_1 と x_2 の共分散とよばれるものです。共分散は、それぞれのケースについて2変数の偏差の積をもとめ、それを全ケースについて合計したものを、$n-1$ で割ったものです。この共分散の値が正だと相関係数も正の値をとり、共分散の値が負だと相関係数も負の値をとります。また共分散は測定されている単位によって値が変わってくるため、相関係数ではそれを分母によって調整しているのです。

相関関係（2）：
Excel で相関係数の計算

1　相関係数をもとめる前の準備

　相関係数は、以下の手順にあるように Excel で簡単にもとめることができますが、その前に必要なのは、変数を加工しておく作業です。たとえば、年齢と個人収入と健康状態の3変数をとりあげ、それぞれのペアの相関係数をもとめることにしましょう。

　まず、年齢は年齢そのものをたずねている質問項目がないので、生年「ybirth」を加工して新変数を作成します。個人収入は「income_1」、健康状態は「health」ですから、これら3変数をコピーして新しいシートに貼りつけ、そこで作業することにします。

　年齢は変数名を「age」とします。A列に「ybirth」があり、D列に新変数「age」を置く場合、2007年時点での年齢ですので「D2=2007-A2」と書き、全ケースに適用することで年齢変数ができあがります。次に健康状態「health」は、値が大きいほど健康状態がよくなるようにリコードします。変数名は「health_r」としましょう。このとき、「health」には欠損値「9」が含まれているので、それをブランクにする必要があります。B列に「health」があり、新変数「health_r」をE列に置く場合、以下のように書きます。

　　　=IF(B2=1,5,IF(B2=2,4,IF(B2=3,3,IF(B2=4,2,IF(B2=5,1,"")))))

	あなた個人
1.　なし	1
2.　25万円未満	2
3.　50万円くらい（25～75万円未満）	3
4.　100万円くらい（75～150万円未満）	4
5.　200万円くらい（150～250万円未満）	5
6.　300万円くらい（250～350万円未満）	6
7.　400万円くらい（350～450万円未満）	7
8.　500万円くらい（450～600万円未満）	8
9.　700万円くらい（600～850万円未満）	9
10.　1,000万円くらい（850～1,250万円未満）	10
11.　1,500万円くらい（1,250～1,750万円未満）	11
12.　2,000万円くらい（1,750～2,250万円未満）	12
13.　2,250万円以上	13
14.　わからない	14

図45-1　個人収入のたずね方

　例で用いている調査票では、個人収入は図45-1のような形式で回答されています。「100万円くらい（75～150万円未満）」「200万円くらい（150～250万円未満）」……などのようにカテゴリーでたずねられており、そのカテゴリーのコードを独立変数とすることはできません。そこで、それぞれのカテゴリーの階級値を割りあてた新変数「income_1r」を作成します。C列に「income_1」があり、F列に「income_1r」を置く場合、以下のように書きます。

　　　=IF(C2=1,12.5,IF(C2=2,50,IF(C2=3,100,IF(C2=4,200,IF(C2=5,300,IF(C2=6,400,IF(C2=7,500,IF(C2=8,700,"")))))))))

② Excel で相関係数をもとめる手順

Excel で相関係数をもとめるには関数と分析ツールの 2 つの方法があります。それではまず関数を使って相関係数をもとめてみましょう。Excel で相関係数の関数は、任意のセルに「=PEARSON（変数 1 の範囲，変数 2 の範囲）」と書くことでもとめられます。このとき、相関係数をもとめる変数にブランクで表された欠損値がある場合は分析対象から自動的に除外されるので、変数の範囲を指定する際にブランクで表された欠損値が含まれていても構いません[1]。たとえば、D 列にある年齢（age）と F 列にある個人収入（income_1r）の相関係数をもとめるには、任意のセルに「=PEARSON(D:D,F:F)」と書きます。相関係数は 0.341041 となり、年齢と個人収入の間には正の相関があることがわかります。

次に分析ツールで相関係数をもとめてみましょう。分析ツールのメリットは、変数が 3 つ以上でもすべてのペアの相関係数を一気にもとめることができることです。

分析ツールで相関係数をもとめる際、ブランクの欠損値があるとエラーがでてしまうので、あらかじめ用いる変数に 1 つでも欠損値があるケースは分析対象とはならないので、ケースごと削除しておきます。次に、「データ」タブの「データ分析」をクリックし、「データ分析」ダイアログボックスを表示させます。「分析ツール」のなかから「相関」を選択し、「OK」をクリックします。すると、「相関」ダイアログボックスが表示されます。「入力範囲」に相関係数を計算したい変数がすべて含まれるように指定します。ここでは D ～ F 列の 3 変数を用いるので、「$D:$F」とします。データの方向は「列」に、「先頭行をラベルとして使用」にチェックを入れ、出力先を任意の場所に指定し、「OK」をクリックします。結果は図 45-2 中に示したとおりですが、年齢と個人収入の相関係数は、さきほど関数を使ってもとめた値とは異なっています。この理由は、分析ツールによる場合、すべての変数に欠損値がないケースを対象とするため、ここでは健康状態に欠損値があるケースが分析から除外されたためです。

図 45-2 「データ分析：相関」の分析例

---

1 ただしブランク以外の任意の値を欠損値としてみなしている場合は、その値を観測値として計算されてしまうので、そのような場合は事前にブランクに変換しておく必要があります。

相関関係（3）：
相関係数の検定と注意点

 相関係数の検定

【分析編 16】の手順によって、相関係数をもとめることができるようになりました。ただし、データが標本データである場合、得られた相関係数が統計的に有意であるかを確認する必要があります。相関係数の検定にかんする統計学的な説明は、吉田（1998）などの統計学のテキストに譲りますが、ここでは相関係数の検定のしかたについて簡単に解説します。

相関係数の検定は Excel では自動的におこなわれず、自力で計算しなければなりません。しかし手順をおさえてしまえば簡単ですので、【分析編 16】でもとめた相関係数を例に実際に検定をおこなってみましょう。必要な情報は、相関係数の値と分析で用いたケース数のみです。

図 46-1 の H2:K5 の部分にある表は、【分析編 16】の分析ツールでもとめた相関係数の表です。その下の H8:K11 の部分を相関係数の検定で用いることにしましょう。まず、それぞれの相関係数の値を H2:K5 の表中から参照する形で H8 から H10 のセルに入れます。次に、t 値を求めます。t 値とは相関係数の検定に用いる検定統計量です。相関係数の t 値は、以下の式でもとめることができます。

$$ t = \frac{r_{x_1 x_2}}{\sqrt{1 - r^2{}_{x_1 x_2}}} \sqrt{n - 2} $$

(17-1) 式

$r_{x_1 x_2}$ は変数 x_1 と x_2 の相関係数、$r^2{}_{x_1 x_2}$ はその二乗、n は分析に使用したケース数です。この式のとおり、J9 から J11 に数式を入力します。たとえば J9 のセルは以下のようになります。

J9=I9/SQRT(1-I9^2) *SQRT(468-2)

	A	B	C	D	E	F	G	H	I	J	K
1	health	income_1	ybirth	health_r	income_1 r	age					
2	1	4	1985	4	200	22			health_r	income_1 r	age
3	3	4	1983	2	200	24		health_r	1		
4	2	5	1977	3	300	30		income_1 r	-0.06037	1	
5	2	7	1973	3	500	34		age	-0.04183	0.342385	1
6	2	6	1979	3	400	28					
7	4	5	1975	1	300	32					
8	1	1	1978	4	125	29		相関係数の検定	相関係数	t値	p値
9	3	7	1973	2	500	34		health_r*income_1 r	-0.06037	-1.30551	0.192362
10	1	1	1983	4	125	24		health_r*age	-0.04183	-0.90377	0.366582
11	3	3	1983	2	100	24		income_1 r*age	0.342385	7.866522	2.56E-14
12	3	6	1973	2	400	34					
13	4	3	1975	1	100	32					

図 46-1　相関係数の検定の手順

次に、t 値を用いて K9 から K11 のセルに有意確率である p 値をもとめます。たとえば K9 のセルには以下のように入力します。

$$K9 = T.DIST.2T(ABS(J9), 466)$$

　ここで用いられている「T.DIST.2T」関数は、スチューデントの両側 t 分布の値を示すもので、（　　）内は（t 分布を計算する数値、自由度）に設定します。t 分布を計算する数値とはさきほどもとめた t 値であり、自由度は $n - 2$ です。「ABS」とあるのは、「T.DIST.2T」関数では t 分布を計算する数値が常に正でなくてはならないため、さきほど求めた t 値を絶対値にして参照させるためのものです。

　以上の作業から相関係数の p 値をもとめることができました。この結果から、年齢と健康状態の相関係数は 5% 水準で有意、年齢と個人収入は 0.1% 水準で有意、健康状態と個人収入は統計的に有意ではないということがわかります。

 ## 相関係数を算出する際の注意

　最後に、相関係数にかんする注意点を 3 点あげておきましょう。第 1 に、相関係数は 2 変数間の非線形な関係の記述には適していません。たとえば 2 変数が【分析編 15】であげた③のような関係でも、相関係数の計算自体は可能ですが、得られた値から 2 変数が U 字型の関係にあることを知ることはできません。

　第 2 に、外れ値の影響です。外れ値とは他の値と比較して極端に高い（または低い）値のことです。データに外れ値がある場合、相関係数は外れ値の影響を強く受けます。そのような場合は、外れ値を含むデータと除いたデータの両方で相関係数を計算し、外れ値の影響を実際に確認してみるとよいでしょう。

　第 3 に、相関係数の検定では、n が大きいほど検定の結果が有意になりやすいという性質があることです。サンプルから得られた相関係数が限りなく 0 に近くても、n が非常に大きい場合には統計的に有意となりやすいですが、2 変数の相関関係について実質的な意味があるとは限らない点には注意が必要です。

【参考文献】

吉田寿夫，1998，『本当にわかりやすいすごく大切なことが書いてあるごく初歩の統計の本』，北大路書房．

変数の統制と3重クロス集計表の作成

 実験データと比べたときの社会調査データの弱点

　これまでに紹介された計量分析の方法はどれも基本的なものですが、これだけでもある程度の分析ができます。しかし、単に2つの変数のクロス表やt検定、相関係数を示すだけでは不十分だと指摘されることが多々あります。そのような指摘の代表は「その2つの変数の関連が擬似相関なのではないか」というものです。擬似相関とは見かけ上の相関関係といい換えることができ、単純に分析すると2つの変数に相関があるようにみえるのですが、それらを条件づける要因の影響を取り除くと、相関関係がなくなってしまうことをいいます。

　心理学などの実験では、刺激を与えると反応にどのような変化があるのかを調べたりします。そのような実験データでは、刺激を与えるか否かを無作為に割りあてているため、だれが（どのような）刺激を受けるのかは事前に定まっておらず、他の要因から独立しているといえます。一方、社会調査データでは独立変数の値を無作為に割りあてることはできませんので[1]、独立変数の値がなんらかの背景要因により条件づけられている可能性が高いのです。実験データに比べ、社会調査データは上記の弱点を有しているといえるでしょう[2]。

 変数の統制とは

　以上の理由により、社会調査データの分析では注目する2つの変数だけでなく、それらに関連しそうないくつもの変数も分析上考慮しなければならない場面が多くあります。そこで必要となるのが、変数の統制（コントロール）とよばれる手続きです。注目する独立変数、従属変数に加え、それらに関連すると考えられる変数（統制変数）も同時に分析することで、擬似相関による影響を可能な限り取り除いていきます。

　小学生を対象とした調査で、靴のサイズと算数の正解率の間に正の相関関係が認められたとします。この結果から、「足のサイズが大きな子ほど賢い」という結論を安易に導いてはなりません。なぜなら、この分析では発達段階という重大な背景要因が考慮されていないからです。専門的な議論はさておき、発達段階をきわめて端的に把握できるのは年齢（学年）

1　調査票を無作為に割りあてて、ワーディングなどの違いによる回答分布の違いを調べるといった実験的な調査は可能でしょう。

2　一方、社会調査データのほうが豊富な種類の変数情報を有していることが多い、という利点もあります。

ですから、これを分析に取り込む必要があるのです。実際には調査をしないとわかりませんが、足のサイズの大きさと算数の正答率が年齢の影響による擬似相関であるとするならば、そのことが意味するのは「年齢の高い子ほど足のサイズがより大きく、年齢の高い子ほど算数の正答率が高い」という事実です。味気ない結論ですが、こうした検証を経て、より確かな2変数の関連が得られるようになるのです。

 ## 3重クロス集計表作成による実例

それでは、変数の統制を実際にやってみましょう。表47-1には、学歴、雇用形態の2重クロス集計表、そしてその下に、性別ごとのクロス集計表が掲載されています。学歴は大学、大学院を「大卒」、それ以外を「非大卒」としています。雇用形態は、経営者・役員と正規従業員を「正規」、それ以外の雇用労働者を「非正規」としています。自営業や家族従業、内職は集計から除いています。

表47-1　3重クロス集計表

		正規	非正規	基数
全体	大卒	81%	19%	124
	非大卒	66%	34%	218
	計	72%	28%	342
男性	大卒	87%	13%	79
	非大卒	80%	20%	99
	男性計	83%	17%	178
女性	大卒	71%	29%	45
	非大卒	55%	45%	119
	女性計	59%	41%	164

「全体」と書かれたクロス集計表をみると、大卒の非正規率が19%となっています。しかし、大卒の女性であっても結婚後パートとして働くケースがありますので、性別の影響を統制する必要があります。そのために作成したのが下の2つのクロス集計表で、これらを合わせて3重クロス集計表とよびます。性別の部分を層とよぶことがあります。女性については、確かに大卒女性のほうが正規雇用の仕事をしているようですが、その割合は71%と非大卒男性よりも低くなっています。性別によって学歴と雇用形態の関連の出方に違いがあることから、性別を統制したほうがよさそうです。

 ## より多くの変数を統制するには

3重クロス集計表の弱点は、1つの統制変数しか用いることができない点です。もちろん4重、5重……、と表を大きくすることはできますが、分析上非現実的です。そのような場合に、次章以降で解説する重回帰分析とよばれる方法が大変重宝されます。

重回帰分析（1）：基本的な考え方

 重回帰分析とは

　回帰分析とは、結果となる変数（従属変数）y に対して、原因となる変数（独立変数）x がどのくらい影響を与えているかを調べるための方法です。回帰分析には変数の種類や計算方法によってさまざまな種類がありますが、もっとも基本的でよく用いられているのは重回帰分析という分析手法です。

　重回帰分析は、複数の独立変数（$x_1, x_2, \cdots, x_m$）によって、従属変数に対するそれぞれの独立変数の影響力を比較したり、ほかの独立変数が一定であった場合の、ある独立変数の影響を考察することができます。

　重回帰分析では、基本的には独立変数と従属変数はすべて量的変数でなければなりません。とくに、「○○の経験がある =1、ない =0」のような二値変数を従属変数としたい場合には、ロジスティック回帰分析などの別の種類の回帰分析をおこなうことになります[1]。くわしくは石田（2014）などを参考にしましょう。

 重回帰分析の一般式とその意味

　x を独立変数、y を従属変数とすると、重回帰分析は（19-1）式のように表現されます。

$$y_i = b_0 + b_1 x_{1i} + b_2 x_{2i} + \cdots + b_m x_{mi} + e_i \qquad （19\text{-}1）式$$

　x や y の右側についている添え字の「i」は、x や y がケースによって異なるためにつけられているもので、「i 番目の」という意味です。ここでは、独立変数は任意の m 個存在するとしているので、x には「i」以外に独立変数を区別するための添え字（1, 2, ……, m）もつけられています。

　「b_0」は切片です。切片はすべての独立変数が 0 であった場合、従属変数はどれくらいになるかを示す推定値です。

　「b_1」や「b_2」などのそれぞれの x にかかっているものは偏回帰係数です。偏回帰係数は、それぞれの独立変数が 1 単位増減したときの従属変数の変化量を示す推定値で、それぞれの

1　このような「0」か「1」の 2 つの値しかとらない変数をダミー変数といいます。

独立変数が従属変数に与える影響を示す情報です。偏回帰係数は、プラスの値だけでなくマイナスの値をとることもあります。たとえば、偏回帰係数が 1.5 のときは、その独立変数が 1 単位高くなると従属変数の値は 1.5 ポイント高くなると予想されます。一方、偏回帰係数が -2.0 となると、その独立変数が 1 単位高くなると従属変数の値は 2.0 ポイント低くなると予想されます。

　重回帰分析のもっとも重要な目的は、この 2 種類の推定値をもとめることにあります。推定値をもとめる方法は【分析編 20】を参照してください。

　「e_i」は誤差項とよばれるものです。これは（19-1）式の「$b_0+b_1x_{1i}+b_2x_{2i}+\cdots+b_mx_{mi}$」の部分と「$y_i$」との差、すなわち、「切片とそれぞれの（係数×独立変数の値）を足し合わせて得られる予測値」と実際の従属変数の値とのかい離を示すものです。この値もケースによって異なっているため、添え字「i」がつけられています。誤差が小さいほど、切片とそれぞれの独立変数の係数のみによって従属変数をより正確に予測できていることになり、説明力の高いモデルといえます。実際には、分析に用いた独立変数によって従属変数が完全に説明されることはありませんから、誤差の情報を用いることで、得られた重回帰分析の結果がどれくらい説明力をもっているかというモデルの評価も可能になります。この点については【分析編 21】を参照してください。

重回帰分析の具体例

　重回帰分析の具体例として、生活満足感（y）に対する年齢（x_1）、健康状態（x_2）、個人収入（x_3）の影響を考えてみましょう。分析の結果、得られた偏回帰係数 b_1 は、健康状態（x_2）と個人収入（x_3）が一定とした場合、年齢（x_1）が 1 単位変化させたときの生活満足感（x）の変化量を意味することになります。他の偏回帰係数 b_2、b_3 についても変数名を入れ替えることで同様に考えることができます。また、切片 b_0 は、年齢（x_1）、健康状態（x_2）、個人収入（x_3）の影響がまったくない場合の生活満足感（y）の予測値ということになります。

【参考文献】

石田賢示, 2014, 「第 11 章　二項ロジスティック回帰分析」三輪哲・林雄亮編著『SPSS による応用多変量解析』オーム社, 163-181.

重回帰分析（2）：推定値のもとめ方

 推定値をもとめる際の考え方

　重回帰分析には、2種類の推定値があります。1つは切片 b_0、もう1つは偏回帰係数 b_1、b_2、$b3_1$、……、b_m です。それぞれの意味については【分析編19】ですでに述べましたが、ここではそれらをもとめる方法について解説します。推定値をもとめるということは、複数の独立変数（x_1, x_2, ……, x_m）によって、従属変数 y の値の予測を可能にすることにほかなりません。

　もう一度、(19-1) 式をみてみましょう。「$b_0+b_1x_{1i}+b_2x_{2i}+\cdots+b_mx_{mi}$」の部分は、推定された切片や偏回帰係数から計算される、個体 i の従属変数の予測値です。これを観測された実際の値 y_i と区別するために、ここでは $\hat{y}_i$ とします[1]。「$b_0+b_1x_{1i}+b_2x_{2i}+\cdots+b_mx_{mi}$」の部分を $\hat{y}_i$ に書き換えると、(20-1) 式が導かれます。それを「$e_i=$」の形に移項したものが (20-2) 式です。

$$y_i = \hat{y}_i + e_i \qquad\qquad (20\text{-}1)\ \text{式}$$

$$e_i = y_i - \hat{y}_i \qquad\qquad (20\text{-}2)\ \text{式}$$

　(20-1) 式からわかることは、観測された実際の値 y_i は、予測値 $\hat{y}_i$ に誤差項 e_i を加えたものであるということです。(20-2) 式は、観測された実際の値 y_i と予測値 $\hat{y}_i$ の差が、誤差項 e_i であることを表しています。

　ここで誤差について考えてみましょう。誤差とは、一般に小さければ小さいほど望ましいと考えられます。重回帰分析でも同様に、観測された実際の値 y_i と予測値 $\hat{y}_i$ の差が小さければ小さいほど、正確な予測ができているということを意味します。つまり、誤差項 e_i ができる限り小さくなるような予測値 $\hat{y}_i$、つまり「$b_0+b_1x_{1i}+b_2x_{2i}+\cdots\cdots+b_mx_{mi}$」における切片 b_0 や偏回帰係数 b_1、b_2、…、b_m の導き方が必要になってくるのです。

 最小二乗法

　(20-3) 式の左辺は、誤差項 e_i をそれぞれ二乗してから全個体分足し合わせた値を意味し

1　y の上についているものを「ハット」とよびます。

ています。右辺は、それぞれの項の関係をわかりやすくするために、(20-2) 式にしたがっ
て書き換えたものです。誤差項 e_i をなぜ二乗するのかというと、それぞれの個体の誤差 e_i
の値は、正の値も負の値もとりうるため、そのまま足すと相殺され、ゼロになってしまうた
めです。二乗してから足すことにより、必ず正の値をとることになります。そして、この値
が最小になるように切片 b_0 や偏回帰係数 b_1, b_2, …, b_m をもとめる方法を最小二乗法とい
います[2]。

$$\sum_{i=1}^{n} {e_i}^2 = \sum_{i=1}^{n} (y_i - \hat{y_i})^2 \qquad (20\text{-}3)\ \text{式}$$

 ## 3 切片・回帰係数の推定

独立変数が 2 つのモデルを想定して、切片 b_0 と偏回帰係数 b_1, b_2 を計算してみましょう。

$$b_0 = \bar{y} - (b_1 \bar{x}_1 + b_2 \bar{x}_2) \qquad (20\text{-}4)\ \text{式}$$

$$b_1 = \left(\frac{s_y}{s_{x_1}}\right) \frac{r_{yx_1} - r_{yx_2} r_{x_1 x_2}}{1 - {r^2}_{x_1 x_2}} \qquad (20\text{-}5)\ \text{式}$$

$$b_2 = \left(\frac{s_y}{s_{x_2}}\right) \frac{r_{yx_2} - r_{yx_1} r_{x_1 x_2}}{1 - {r^2}_{x_1 x_2}} \qquad (20\text{-}6)\ \text{式}$$

s は標準偏差、r は相関係数です。つまり、x_1, x_2, y の平均、標準偏差、相関係数をもとに、
切片 b_0 と偏回帰係数 b_1、b_2 がもとめられていることがわかります。

偏回帰係数は、他の独立変数を統制した場合に、ある独立変数が 1 単位変化したとき、従
属変数がどれくらい変化するかを示すので、偏回帰係数の絶対値の大きさは影響の強さを表
すことになります。

独立変数が 3 つ以上のときの切片や偏回帰係数をもとめる式は、さらに複雑になるためこ
こでは示しませんが、独立変数が 2 つの場合の考え方を拡張して解釈することができます。

2　OLS（Ordinary Least Squares の略）とよばれることもあります。

重回帰分析（3）：決定係数

 モデルのあてはまりのよさと決定係数

　重回帰分析におけるモデルのあてはまりのよさとは、独立変数によって従属変数がどのくらい正確に予測できているか、ということです。独立変数によって従属変数のどのくらいが説明できるか、といい換えることもできます。モデルのあてはまりがよい場合は、モデルに含まれていない他の変数の影響を考慮する必要はありませんが、あてはまりが極端に悪いということは、重要な独立変数を見落としていることを示すヒントにもなります。

　重回帰分析には、モデルのあてはまりのよさを表す指標として、決定係数 R^2 というものがあります。決定係数について理解するために、観測値 y_i、回帰式から得られる予測値 y_i、y の平均値である $\bar{y}$ の関係に着目してみましょう。

　図 50-1 は、混乱を避けるため独立変数が 1 つの単回帰分析を示していますが、独立変数が 2 つ以上の場合も特別な考え方は必要ありません。まず観測値 y_i、回帰式から得られる予測値 y_i、y の平均値である $\bar{y}$ の 3 つの値があります。ある特定のケース i についてみると、観測値と y の平均値の差（$y_i - \bar{y}$）は、観測値と予測値の差（$y_i - y_i$）と、予測値と y の平均値の差（$y_i - \bar{y}$）に分解できることがわかります。これを全ケースについて総合的に表現するため、平方和のかたちにしたものが（21-1）式です。

$$\sum_{i=1}^{n}(y_i - \bar{y})^2 = \sum_{i=1}^{n}(\hat{y_i} - \bar{y})^2 + \sum_{i=1}^{n}(y_i - \hat{y_i})^2$$

$$\mathrm{SS}_{TOTAL} = \mathrm{SS}_{REGRESSION} + \mathrm{SS}_{ERROR}$$

（21-1）式

　左辺は全平方和（SS_{TOTAL}）、右辺第一項は回帰平方和（$\mathrm{SS}_{REGRESSION}$）、右辺第二項は誤差（残差）平方和（SS_{ERROR}）といいます。回帰平方和は回帰式によって説明される部分であり、誤差平方和は説明されなかった部分です。そして、全平方和に対する回帰平方和の割合が決定係数であり、次式でもとめられます。

$$R^2 = \frac{\mathrm{SS}_{REGRESSION}}{\mathrm{SS}_{TOTAL}} = 1 - \frac{\mathrm{SS}_{ERROR}}{\mathrm{SS}_{TOTAL}}$$

（21-2）式

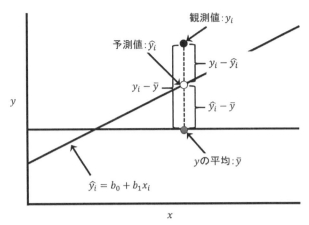

図 50-1　観測値、予測値、y の平均値の関係

　したがって決定係数のとりうる範囲は 0 ～ 1 であり、決定係数 =1 とは誤差平方和 =0、すなわち、観測値と予測値が全ケースにおいて完全に一致することを意味します。また、全平方和のうち回帰平方和によって説明される部分が大きいほど決定係数が大きくなり、データへのあてはまりがよりよいということになります。Excel で決定係数は、「重決定 R2」として表示されます。

 ## 自由度調整済み決定係数

　なお決定係数には、独立変数の数が多くなるほど大きくなるという性質があります。したがって、従属変数に強い影響を与えていない独立変数を分析モデルに含めた場合にも、回帰式のあてはまり自体はよくなってしまうことがあります。これを回避するために、自由度調整済み決定係数（adjusted R^2）という指標があります。

$$\text{adjusted } R^2 = \frac{\dfrac{\text{SS}_{ERROR}}{n-p-1}}{\dfrac{\text{SS}_{TOTAL}}{n-1}} \qquad\qquad (21\text{-}3)\ \text{式}$$

　(21-3) 式は自由度調整済み決定係数の式です。n は分析に使用したケース数、p は独立変数の数です。Excel において自由度調整済み決定係数は、「補正 R2」として表示されます。決定係数と自由度調整済み決定係数の間に大きな隔たりがある場合は、モデルのあてはまりのよさを解釈するには自由度調整済み決定係数をみるべきだといえます。

重回帰分析（4）：
Excel で重回帰分析の手順

 重回帰分析における変数の加工

それでは実際に、生活満足感（y）に対する健康状態（x_1）、個人収入（x_2）、年齢（x_3）の影響にかんする重回帰分析をおこなってみましょう。はじめにしなければならないことは、変数の加工です。

まず、これら4変数のもととなる変数をコピーして新しいシートに貼りつけ、そこで作業することにします。生活満足感「satis」は、値が大きいほど「満足している」となるようにリコードします。新変数名は「satis_r」としましょう。その他の変数は【分析編16】で用いたものですから、変数の作成・加工はそちらを参照してください。以上の作業から、図51-1のような A ～ D 列に加工前の変数、E ～ H 列に加工後の変数があるデータを作成しておきます。

次に、1つ以上の変数に欠損値があるケースを分析から除外するための作業をおこないます。I列にある「count」というのは、欠損値があるケースを特定するために設けたものです。これは、指定した範囲内に数値が入力されているセルの個数を数える COUNT 関数を用いて「I2=COUNT（E2:H2）」と書いたもので、「satis_r」から「age」の4変数のうち、分析に有効な変数の個数を表しています。I列が「4」になっていればそのケースは欠損値がな

	A	B	C	D	E	F	G	H	I
1	satis	health	income_1	ybirth	satis_r	health_r	income_1r	age	count
2	3	1	6	1979	2	4	400	28	4
3	2	3	5	1979	3	2	300	28	4
4	4	2	1	1979	1	3	12.5	28	4
5	2	2	4	1979	3	3	200	28	4
6	1	3	8	1979	4	2	700	28	4
7	2	1	3	1985	3	4	100	22	4
8	1	2	1	1976	4	3	12.5	31	4
9	1	4	1	1972	4	1	12.5	35	4
10	2	3	4	1977	3	2	200	30	4
11	3	2	4	1977	2	3	200	30	4
12	3	2	2	1985	2	3	50	22	4
13	2	2	5	1983	3	2	300	24	4
14	2	2	4	1982	3	2	200	25	4
15	2	3	1	1974	3	2	12.5	33	4
16	2	2	4	1981	3	3	200	26	4
17	3	2	3	1984	2	3	100	23	4
18	3	3	1	1986	2	2	12.5	21	4
19	3	2	1	1975	2	3	12.5	32	4
20	3	2	1	1983	2	3	12.5	24	4

図51-1　加工前の変数と加工後の変数

いため分析対象に含められますが、「3」以下の場合は1つ以上の変数に欠損値があるため含めることができません。

　ここまでの作業ができたら、欠損値がない（すなわちI列が「4」）ケースのみを分析対象とするため、I列をキーに降順でケースの並べ替えをしておきます。並べ替えのしかたは、データ全体を選択し、「データ」タブをクリック「並べ替え」をクリック、表示された「並べ替え」ダイアログボックスで、この例では「最優先されるキー」を「count」とし、「順序」を「降順」にし、「OK」をクリックします。すると、「count」が「4」であるケースが上にくるので、一番上のケースから「count」が「4」である最後のケースまで、すなわち2～467行目のケースまでが分析対象となります。

 ## 重回帰分析の実行

　それではこれらの変数を使って、分析ツールによって重回帰分析をおこなってみましょう。

　「データ」タブの「データ分析」をクリックし、「データ分析」ダイアログボックスを表示させます。「分析ツール」のなかから「回帰分析」を選択し、「OK」をクリックします。すると、「回帰分析」ダイアログボックスが表示されるので（図51-2）、独立変数と従属変数を指定します。「入力Y範囲」に従属変数、「入力

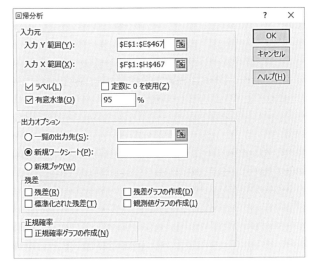

図51-2　「データ分析：回帰分析」の分析例

X範囲」に独立変数の範囲をそれぞれ指定します。このとき「ラベル」にチェックを入れ1行目の変数名も範囲に含めることで、分析結果の出力に変数名を反映させることができます。

　「定数に0を使用」の部分については、独立変数の値がすべてゼロであるとき、従属変数の値も理論的にゼロであると想定される場合にのみチェックを入れ、通常はチェックを入れません。たとえば1日の売上額に対する開店時間、客数の影響を分析するときには、開店時間がゼロ（すなわち休業日）、客数がゼロ（すなわち誰も店に来なかった）なら、売上額はゼロのはずですから、チェックを入れておきます。一方、今回のテストの点数に対する前回のテストの点数、勉強時間の影響の分析では、前回のテストが0点であり、まったく勉強せずに今回のテストに臨んだとしても、今回のテストは0点であるとはいえませんから、定数はゼロに指定せずに推定します。

　ここまで指定し「OK」をクリックすると、新しいシートに分析結果が出力されます。

重回帰分析（5）：
結果の解釈とまとめ方

 重回帰分析の結果の解釈

　重回帰分析の結果は、3つの表になって出力されます。一番うえに表示されている表で重要なのは、決定係数 R^2 とケース数です。決定係数は「重決定 R2」、自由度調整済み決定係数は「補正 R2」と表記されているものです。この分析事例では、決定係数が約 0.02 ですから、全平方和における回帰平方和の割合は、約 2% ということになります。「観測数」とは、分析に用いたケース数です。

	A	B	C	D	E	F	G	H	I	J
1	概要									
2										
3	回帰統計									
4	重相関 R	0.161084								
5	重決定 R2	0.025948								
6	補正 R2	0.019623								
7	標準誤差	0.900784								
8	観測数	466								
9										
10	分散分析表									
11		自由度	変動	分散	測された分	有意 F				
12	回帰	3	9.986375	3.328792	4.102472	0.006856				
13	残差	462	374.872	0.811411						
14	合計	465	384.8584							
15										
16		係数	標準誤差	t	P-値	下限 95%	上限 95%	下限 95.0%	上限 95.0%	
17	切片	2.383526	0.324434	7.346713	9.27E-13	1.745976	3.021076	1.745976	3.021076	
18	health_r	0.124181	0.043423	2.859791	0.004431	0.03885	0.209513	0.03885	0.209513	
19	income_1r	0.000456	0.000244	1.868884	0.062271	-2.3E-05	0.000935	-2.3E-05	0.000935	
20	age	-0.0006	0.010511	-0.05732	0.954313	-0.02126	0.020053	-0.02126	0.020053	
21										
22										

図 52-1　分析結果のまとめ方

　次の表は分散分析表です。「回帰」行の「変動」列にある値（9.986375）が回帰平方和、「残差」行の「変動」列にある値（374.872）が誤差平方和、「合計」行の「変動」列にある値（384.8584）が全平方和です。（21-2）式にならって回帰平方和を全平方和で割ると、9.986375 ÷ 384.8584=0.025948 となり、決定係数と一致することがわかります。

　「分散」の列より右側は、決定係数の有意性検定をおこなっている部分です。「回帰」行の「分散」の値（3.328792）は回帰平均平方（$MS_{REGRESSION}$）とよばれるもので、回帰平方和を独立変数の数で割ったもの（9.986375 ÷ 3=3.328792）であり、「残差」行の「分散」の値（0.811411）は誤差平均平方（MS_{ERROR}）とよばれるもので、誤差平方和をケース数から独立変数の数と 1

を引いた数で割ったもの（374.872 ÷（466 − 3 − 1）=0.811411）です。この比（3.328792 ÷ 0.811411=4.102472）がF値とよばれ、「観測された分散比」にあたります。F値の検定自体はF分布表にもとづいておこないますが、検定の結果は有意確率を表す「有意F」から判断することができます。決定係数の有意性検定における帰無仮説は、「母集団において決定係数はゼロである」というものですが、この分析例では有意確率がきわめて小さく0.01を下回ることから、帰無仮説を棄却し、この回帰モデルが1%水準で有意であるということができます。

　一番下の表は、切片と偏回帰係数にかんするものです。

　標準誤差とt値は、推定された切片や偏回帰係数が統計的に有意であるかを検定するために用いる統計量です。ここでは「係数」と「P-値」に着目します。切片とそれぞれの独立変数の偏回帰係数から、この回帰モデルにおける予測式は次のように示すことができます。

$$\hat{y} = 2.383526 + 0.124181x_1 + 0.000456x_2 − 0.0006x_3 \qquad (23\text{-}1)式$$

　すなわち、他の独立変数が一定であると仮定した場合、健康状態が1単位高いと満足感は0.124181ポイント高く、収入が100万円高いと満足感は0.0456ポイント高く、年齢が1歳高いと満足感は0.00006ポイント低いという結果になります。そしてこれらの効果が統計的に有意であるかどうかは「P-値」と表記されている有意確率p値によって判断します。有意確率がある基準を下回っていれば、「○○％水準で有意である」と表現し、通常は0.1%（0.001）、1%（0.01）、5%（0.05）、10%（0.1）の水準で判断します。この例では、健康状態は1%水準で有意、個人収入は10%水準で有意、年齢は統計的に有意ではありません。「下限95%」と「上限95%」とは、切片や偏回帰係数の95%信頼区間を示しています。なお、一番右の2列は右から3、4列目とまったく同じ値ですが、これは【分析編22】の図51-2の「有意水準」の設定で、「99%」などとすることで、任意の水準における信頼区間をもとめることができます。

 ## 分析結果のまとめ方

　以上の分析結果は、論文やレポートにおいて表52-1のようにまとめるとよいでしょう。「b」は推定値、「S.E.」は標準誤差です。収入は1単位が1万円で分析していましたが、値が非常に小さいので、表52-1では単位を100倍したうえで係数と標準誤差を掲載しています。

表52-1　分析結果のまとめ方

	b	S.E.
切片	2.384	.324 ***
健康状態	.124	.043 **
収入（100万円）	.046	.024 +
年齢	-.001	.011 n.s.
adjusted R^2	.054	
n	466	

注：+ p<.10, * p<.05, ** p<.01, *** p<.001

重回帰分析（6）： 標準化した変数による重回帰分析

 重回帰分析における変数の標準化

これまで、重回帰分析によって従属変数に対する複数の独立変数の影響力を比較できることを解説しました。これは、【分析編23】で示した偏回帰係数の値を独立変数間で比較することを意味していますが、観測された変数をそのまま用いて重回帰分析をおこなった場合、それらの独立変数の影響力を直接比較することはできません。なぜなら、測定の単位がそれぞれの変数によって異なるためです。生活満足感に対する健康状態、個人収入、年齢の影響についての重回帰分析について考えてみましょう。量的な独立変数の単位は個人収入が「万円」、年齢が「年」です。健康状態は調査票の選択肢ひとつ分ということになりますから、それぞれの変数の1単位の意味が異なっており、得られた偏回帰係数をそのまま比較することができないのです。そこで、すべての変数を平均=0、分散=1になるように変換したうえで重回帰分析を実行することで、複数の独立変数の偏回帰係数を比較できるようになります。この変数を平均=0、分散=1になるように変換する作業を標準化といい、標準化された個々の値を標準得点とよびます。観測された変数x_i、その平均値を$\bar{x}$、標準偏差をs_x、標準化された変数をz_iとするとき、変数の標準化は（24-1）式によっておこないます。

$$z_i = \frac{x_i - \bar{x}}{s_x} \qquad \text{（24-1）式}$$

 標準化の手順

それでは実際に変数の標準化をしてみましょう。ここでは従属変数と独立変数の4変数すべてを標準化する必要があります。まず、【分析編16】の手順で変数を加工したうえで、それらの変数の平均値と標準偏差をもとめます。A列にある変数の平均値は「=AVERAGE（A2:A467）」、標準偏差は「=STDEV.S（A2:A467）」と入力することでもとめられます[1]。ここで注意が必要なのは、分析対象となるケースのみを用いて平均値と標準偏差をもとめることです。欠損値をもつケースを含んで平均値と標準偏差をもとめると、正しい値からずれ

1　STDEV.S関数は、標本にもとづいて予測した標準偏差をもとめるためのもので、STDEV関数も同様です。一方で、STDEV.P関数やSTDEVP関数は母集団の標準偏差をもとめるものです。今回分析に用いるデータは標本データなので、STDEV.S関数を用いています。

	A	B	C	D	E	F	G	H	I	J	K	L	M	N	O	P
1	satis_r	health_r	income_1 r	age	count			satis_r	health_r	income_1 r	age		satis_rz	health_rz	income_1 rz	age_z
2	2	4	400	28	4		平均値	2.819742	2.806867	229.8283	28.29614		-0.901059	1.2313018	0.9381481	-0.06998
3	3	2	300	28	4		標準偏差	0.909754	0.969001	181.391	4.231762		0.1981387	-0.832679	0.386853	-0.06998
4	1	3	12.5	28	4								-2.000258	0.1993114	-1.19812	-0.06998
5	3	3	200	28	4								0.1981387	0.1993114	-0.164442	-0.06998
6	4	2	700	28	4								1.2973369	-0.832679	2.5920335	-0.06998
7	3	4	100	22	4								0.1981387	1.2313018	-0.715737	-1.487829
8	4	3	12.5	31	4								1.2973369	0.1993114	-1.19812	0.6389448
9	4	1	12.5	35	4								1.2973369	-1.864669	-1.19812	1.5841775
10	3	2	200	30	4								0.1981387	-0.832679	-0.164442	0.4026367
11	2	3	200	30	4								-0.901059	0.1993114	-0.164442	0.4026367
12	2	3	50	22	4								-0.901059	0.1993114	-0.991385	-1.487829
13	3	2	300	24	4								0.1981387	-0.832679	0.386853	-1.015212
14	3	2	200	25	4								0.1981387	-0.832679	-0.164442	-0.778904
15	3	2	12.5	33	4								0.1981387	-0.832679	-1.19812	1.1115611
16	3	3	200	26	4								0.1981387	0.1993114	-0.164442	-0.542596
17	2	3	100	23	4								-0.901059	0.1993114	-0.715737	-1.25152
18	2	2	12.5	21	4								-0.901059	-0.832679	-1.19812	-1.724137
19	2	3	12.5	32	4								-0.901059	0.1993114	-1.19812	0.875253
20	2	3	12.5	24	4								-0.901059	0.1993114	-1.19812	-1.015212

図 53-1　標準化した変数の作成

てしまいます。次に、標準化した新変数を STANDARDIZE 関数を用いて作成します。STANDARDIZE 関数は、「=STANDARDIZE（元の変数の値, 平均値, 標準偏差）」となるように記述します。それを全変数についておこなうと図 53-1 のようなデータができあがります。標準化した変数は、もとの変数と区別するために変数の末尾に「z」を加えてあります。これらの変数を用いて、重回帰分析を実行してみましょう。

③ 結果の解釈

　標準化しない変数での分析結果と異なるのは、係数の部分のみです。標準化した変数による重回帰分析では、すべての変数が平均 =0、分散 =1 となっているため、切片が必ずゼロになります。また、標準化した変数による重回帰分析の偏回帰係数は標準偏回帰係数とよばれ、ふつうの偏回帰係数を b で表すのに対して、β で表記されます。標準偏回帰係数はそれぞれ、健康状態が 0.132269、個人収入が 0.090836、年齢が − 0.0028 です。これらの値は相互に比較することができ、従属変数に対する影響力の強さを比較することができるので、今回の分析結果から、生活満足感については健康状態がもっとも強い影響を与えているといえます。個人収入は健康状態よりも弱い正の影響を与えており、年齢は有意な効果をもっていないと表現することができます。

54

重回帰分析（7）： ダミー変数を用いた重回帰分析

 質的変数を独立変数にする

　重回帰分析では、すべての変数が量的である必要があります。ただし社会学の分野ではしばしば状態や属性を表す質的変数が測定され、それを重回帰分析の独立変数として用いたいという場合もあるでしょう。その際には、質的変数をダミー変数に加工することで独立変数としてモデルに投入することができます。ダミー変数とは、0か1の値をとる二値変数であり、ある属性をもつカテゴリーを1、その属性をもたないカテゴリーを0と割りあて、質的変数を数値で表現するものです。たとえば、「男性 =1、女性 =2」となっている「性別」という変数があるとします。これをダミー変数で表現すると、「男性 =1、女性 =0」または「男性 =0、女性 =1」となります。前者は男性が1の値をとるので「男性ダミー」、後者は女性が1の値をとるので「女性ダミー」といい、分析の際にはどちらか一方だけを作成し、モデルに投入します。このとき、0と割りあてたカテゴリーを基準（参照）カテゴリーといい、重回帰分析では基準カテゴリーに対する、1と割りあてたカテゴリーの効果が推定されます。

 ダミー変数の作成

　性別やなんらかの経験の有無などのように、もともと2値である変数をダミー変数にするのは値をリコードするだけなので容易です。しかし、もとの質的変数が3カテゴリー以上の場合にはダミー変数を複数作成し、もとの変数の情報を表現する必要があります。そのとき作成すべきダミー変数の数は、もとの変数のカテゴリーの数から1を引いた分です。たとえば、最終学歴を「中学・高校 =1、短大・高専・専門学校 =2、大学・大学院 =3」という質的変数で表している場合、任意のいずれかのカテゴリーを基準とし、残りの2つのカテゴリーについてダミー変数を作成することになります。中学・高校を基準カテゴリーとする場合は、「中学・高校 =0、短大・高専・専門学校 =1、大学・大学院 =0」となる短大・高専・専門学校ダミーと、「中学・高校 =0、短大・高専・専門学校 =0、大学・大学院 =1」となる大学・大学院ダミーの2つを、短大・高専・専門学校を基準カテゴリーとする場合は、「中学・高校 =1、短大・高専・専門学校 =0、大学・大学院 =0」となる中学・高校ダミーと、「中学・高校 =0、短大・高専・専門学校 =0、大学・大学院 =1」となる大学・大学院ダミーの2つを作成するということです。

結果の解釈

　それでは実際に、質的変数を含んだ重回帰分析をおこなってみましょう。事例は生活満足感に対する健康状態、個人収入、性別、学歴の影響です。性別は女性ダミー（female_dum）、学歴は短大・高専・専門学校ダミー（jc_dum）と大学・大学院ダミー（uv_dum）によって表しています。

　まず女性ダミーの効果に着目しましょう。偏回帰係数は0.021654であり、統計的に有意ではありません。つまり、基準カテゴリーである男性に比べて、女性は生活満足感が有意に高いとはいえないことがわかります。次に学歴の効果についてです。学歴の基準カテゴリーは中学・高校ですから、短大・高専・専門学校ダミー（jc_dum）と大学・大学院ダミー（uv_dum）のそれぞれの効果は、中学・高校との比較を意味します。つまり、最終学歴が短大・高専・専門学校であることは、中学・高校であることに対して有意な効果をもっていないこと、大学・大学院であることは、中学・高校であることに対して5%水準で正の有意な効果をもっていることがわかります。

表54-1　ダミー変数を含んだ重回帰分析結果

	係数	標準誤差	t	P-値	下限 95%	上限 95%	下限 95.0%	上限 95.0%
切片	2.057708	0.15418	13.34613	2.01E-34	1.754698	2.360718	1.754698	2.360718
health_r	0.173576	0.045098	3.84891	0.000136	0.084946	0.262206	0.084946	0.262206
income_1r	0.00041	0.000229	1.793015	0.073648	-3.9E-05	0.00086	-3.9E-05	0.00086
female_dum	0.021654	0.084879	0.255115	0.798752	-0.14516	0.188465	-0.14516	0.188465
jc_dum	0.071037	0.10805	0.657442	0.511236	-0.14131	0.283386	-0.14131	0.283386
uv_dum	0.224788	0.107899	2.083322	0.037791	0.012735	0.436842	0.012735	0.436842

基準カテゴリーの設定

　ダミー変数の基準カテゴリーを変更すると偏回帰係数ももちろん変わってきます。女性ダミーの代わりに男性ダミーをモデルに投入すると、男性ダミーの偏回帰係数は女性ダミーの場合の係数と絶対値は等しく、符号が反転したものになります。3カテゴリー以上の変数の場合は、符号の反転だけでなく別のカテゴリー間の比較となるので、分析結果を解釈しやすいように基準カテゴリーを設定する必要があります。そのため、「その他」などのカテゴリーを基準カテゴリーとするのは解釈しにくくなるので避けたほうがよいでしょう。

 **55**

レポート・論文のまとめ方

 レポート・論文全体の流れ

　社会調査データの計量分析を用いたレポートや論文は、基本的には以下の大きな5つの
パートから構成されます。それぞれのパートでどのようなことを書くべきか、具体的に確認
していきましょう。

（1）問題の所在と研究目的

　ここではその研究の着想にいたった経緯や、なにをどこまで明らかにしようとするのかを
記述します。つまり解くべき問題を提示し、その問題に対する答えまでの道筋を示すのです。
　問題の所在の「問題」とは、いじめ問題などの社会で広く認識された解決すべき課題であ
る必要はありません。この問題が学術的にいかにおもしろく、アタックする価値があるもの
なのかを説明しましょう。読者が自分と同じ関心をもっているとは限りませんから、自分が
研究テーマとして設定するにいたったプロセスについて、客観的に書くこともポイントです。
　すべての研究には限界があるので、研究目的では問題をどこまで追究するのかを明示しま
す。研究を進めていくことで新たな問題に遭遇することもあるので、本研究のゴールライン
をあらかじめ設定しておくことがもとめられます。

（2）先行研究の検討

　ここでは先行研究の整理をしたうえで、先行研究に対する批判的再検討をおこないます。
まず、その研究課題に関連した研究はどの程度の蓄積があるのか、研究の内容によってどの
ようなサブグループに細分化されるのかをまとめます。よくみかける先行研究のまとめ方と
して、時系列や著者ごとのように辞書的な配列で研究を紹介するものがありますが、それは
上手なまとめ方とはいえません。あくまでもそれぞれの先行研究の内容について、その方法
や結果が類似しているもののまとまりを作り、他のまとまりとの関係について考察してくだ
さい。先行研究に対する批判的再検討というのは、先行研究をおとしめることではありませ
ん。先行研究では見落とされていた重要な点、論理に飛躍があったり誤った解釈がなされた
りしている点、研究方法における弱点などを指摘し、それをカバーするためにはどのような
研究枠組みが必要なのかを述べます。また、先行研究で見落とされていた点は、本来は扱う
べき事象だが見落とされていたのか、それともその研究の範疇ではないから扱われなかった
のかを理解することも大切です。そのようなことがわかれば、その研究分野における自分の
研究の立ち位置が明確になってきます。

（3）データと方法の解説

　ここでは用いた社会調査データの説明と、分析対象となるケース、変数、分析方法について解説をおこないます。自分で企画し実施した調査の場合は、調査データの説明には十分な紙幅を割いて丁寧に説明します。二次分析の場合は、その調査の概要を述べ、詳細については別の文献を参照するよう記述しておいてもよいでしょう。

　分析対象となるケースの選択や変数の加工方法、分析手法などについては可能な限り具体的に記しておきます。本文中では煩雑にみえてしまうようなものでも、脚注をうまく使えば本文の流れを阻害せずに十分な説明ができるはずです。

（4）分析結果と解釈

　ここではまず、その研究において重要な変数の分布や記述統計レベルでの変数間の関連などを確認し、その結果を度数分布表やクロス集計表、またはそれらを図にして示します。それらの基礎的な分析をおこない、得られる知見を記述した後は重回帰分析などの多変量解析に移っていきます。多変量解析の分析結果は必ず図表の形で示し、そこから解釈をおこなっていきます。結果の解釈を文章で表現する方法はさまざまです。たとえば「女性ダミーは正の有意な効果がある」というように最低限の記述にとどめるか、「女性ダミー変数の係数は 1.500 であり、0.1% 水準で統計的に有意である。したがって、女性は男性に比べて〇〇の値が平均的に 1.5 ポイント高いことがわかる」というように、具体的な数値をあげつつ丁寧に記述していくかは紙幅の都合を考えて判断します。

（5）結論と議論および今後の課題

　ここでは問題の所在と研究目的で掲げた問いに対する答えを述べ、そこから展開されうる議論、浮かび上がってきた新たな問題、今回は本来の関心から逸れるために扱わなかった問題などを整理します。単なる要約や、研究が思うように進められなかった際の言い訳に終始しないことが大切です。

 ## 書けるところから書く

　このような流れを提示されると、最初から書きはじめなくてはならないと思う人もいるかもしれません。しかしそのようなルールはありませんし、問題の所在や研究目的はとくに筆が重くなりがちです。書けるところから書いていくことが、論文完成への近道です。

文献の引用のしかた

 文献を引用すること

【準備編 6 〜 8】では先行研究の探し方について解説しました。ここではそこであげられた文献の引用のしかたについて、その方法と注意点をまとめておきます。

文献を引用することは、他者の考えや作成したデータなどの情報を借り、自身の研究の質を高めることです。したがって他者が作成した情報を借りる場合には、出典を必ず明記するというルールが存在します。無断で他者が作成した情報を使用すると、剽窃という学問上の犯罪行為にあたりますので、卒業論文や学術雑誌への投稿論文はもちろんのこと、ふだんの授業でのレポートなどでも絶対におこなってはいけません。

文献の引用の形式は細かく定められています。ここでは紙幅の都合上、解説することはできませんが、本書と同シリーズである南田ほか (2017) で解説されているほか、よりくわしい引用の形式については日本社会学会が公開している『社会学評論スタイルガイド』を参考にするとよいでしょう[1]。これは社会学分野の論文の執筆ガイドとして広く利用されているもので、とくに指定のない場合は『社会学評論スタイルガイド』にのっとった引用の形式であれば間違いありません。引用した文献は、レポートや論文の末尾にリストとして提示するのも研究上のルールです。文献リストの作成のしかたについても南田ほか (2017) や『社会学評論スタイルガイド』を参考に、正しくおこないましょう。

 一次資料にあたること

次に、引用における注意点についてです。まず、文献は一次資料にあたることを基本としましょう。一次資料とはその内容やデータを作成した主体が発行しているものを指します。一次資料にあたることで作成者の意図や方法の詳細を知ることができるだけでなく、なによりも誤った解釈をしてしまうリスクが抑えられます。たとえば文献 A の情報を文献 B が引用し、さらにそれを文献 C が引用……となると、伝言ゲームのように本来の文献 A の情報の真意とは異なる主張が展開されているかもしれません。このように、文献 A から文献 B の情報を引用することを「孫引き」といいますが、このような場合は一次資料である文献 A から直接引用するのが適切です。「すぐに閲覧できるものは文献 B しかない」という場合でも、できる限り一次資料である文献 A を入手し、そこから引用する努力をしましょう。

---

1 http://www.gakkai.ne.jp/jss/bulletin/guide.php で公開されているほか、冊子版も販売されています。

非常に古い文献であったり、閲覧が制限されているものなどで、どうしても一次資料にあたることができない場合は、その旨をレポートや論文に記載しておくとよいでしょう。

　以上のことは、文献にある文章やフレーズだけでなく、図表や数値なども同様です。たとえば【調査編4】ではマクロデータの紹介をしましたが、この国勢調査の情報を引用したければ国勢調査のウェブサイトにアクセスし、そこから必要なデータを確認します。国勢調査の結果について触れた他者の文献から引用することは孫引きになり、望ましいとはいえません。

 ## 信頼できる情報源か

　引用元が信頼できる情報源なのかどうかも重要です。インターネット上の匿名のブログやツイッターをはじめとするSNS上の記述などは引用する情報源としては不適格です[2]。これらの情報は誰もが自由に発信、公開できアクセスが容易な一方で、情報の信頼性はまったく担保されていません。

　また、大学生の書くレポートや論文でよくみかけるのがインターネットのフリーの百科事典サイトであるウィキペディアからの引用です。ウィキペディアは情報量が非常に豊富でとても便利なことは確かです。わからない言葉や概念が出てきたら、とりあえず調べてみるという姿勢自体も歓迎すべきことでしょう。しかし問題は、それらの記事がだれによって、どのような意図をもって書かれたのかが不明で、内容の信憑性も不確かな点です。

　ウィキペディアの記事には、それを書くうえで参考にした情報の出典が記されていることがあります。したがって、はじめはウィキペディアで知識を得たとしても、出典をたどって記事のもとになっている情報に直接アクセスすることで、信頼できる情報源から適切に引用することを心がけましょう。

【参考文献】

南田勝也・矢田部圭介・山下玲子, 2017, 『ゼミで学ぶスタディスキル【第3版】』北樹出版.

2　ただし、ツイッター上のツイートの言説分析など、このような情報源自体を対象とする研究ではその限りではありません。

図表の作成

 ## 基本は表で示すこと

　なんらかの計量分析の結果や複数の数値の示し方として典型的なのは、表を作成することです。ひとつの表に盛り込むことができる情報量は多く、次に述べる図よりも正確に多くの情報を伝えることができるからです。ここではクロス集計表と多変量解析の分析結果の代表例として重回帰分析をとりあげ、実際の表記のしかたを解説します。

　表57-1 は【分析編10】の事例と同じクロス集計表ですが、余分な情報を取り除いたうえで、まとめなおしたものです。比率の表示は行パーセントのみとし、観測度数も行周辺度数のみとしています。これだけの情報がそろっていれば各セルの度数は計算可能です。

　表57-2 は【分析編25】の事例で掲載した重回帰分析の結果です。これも必要な情報のみに絞って作表すると、ずいぶんスリムになることがわかるでしょう。統計分析の結果で出力されるものにはもちろんそれぞれ意味がありますが、分析結果として必要かどうかは情報の種類によって異なっています。そのためレポートや論文にはどの情報を掲載すべきかを分析手法とともに理解しておきましょう。分析結果を上手に掲載するには、限られたスペースで必要な情報を誤解なく伝えるための努力がなされている、雑誌論文の先行研究にならうとよいでしょう。

表57-1　主観的健康状態と生活満足感の関連（単位：%）

主観的健康状態	生活全般に対する満足感			合計	（実数）
	満足＋どちらかといえば満足	どちらともいえない	どちらかといえば不満＋不満		
とても良い＋まあ良い	70.7	21.2	8.1	100.0	(259)
普通	57.4	24.5	18.1	100.0	(188)
あまり良くない＋悪い	36.4	29.5	34.1	100.0	(44)
合計	62.5	23.2	14.3	100.0	(491)

表57-2　生活満足感の規定因

	b	S.E.	
切片	2.058	.154	***
主観的健康状態	.174	.045	***
個人収入	.000	.000	+
女性ダミー	.022	.085	
短大・高専・専門学校ダミー	.071	.108	
大学・大学院ダミー	.225	.108	*
調整済みR2乗	.047		
n	452		

注： + $p<.10$, * $p<.05$, *** $p<.001$

　また、本書では専門的な統計ソフトウェアの使い方については触れていませんが、そのようなソフトウェアの出力結果をそのままコピー＆ペーストすることは避けてください。それらを Excel 上で表 57-1、表 57-2 のように加工しレポートや論文に掲載してください。

② 効果的な図の作成

　レポートや論文では表を用いるのが一般的ですが、図を効果的に用いることで伝えたいことを視覚的に表現することができます。図57-1をみてください。これは耐久消費財の普及状況を示していますが、このような情報は出典に記載した引用元にある細かな数値をそのまま表で示されるよりも、このように図示されたほうが容易に理解できます。

　図を作成する際のポイントはみやすさのほか、誤解を与えない形式にすること、白黒で印刷されることを前提に図も白黒で作成することが重要です。やや専門的ですが、金丸（2013）では Excel でのグラフ作成について詳細な解説がなされています。

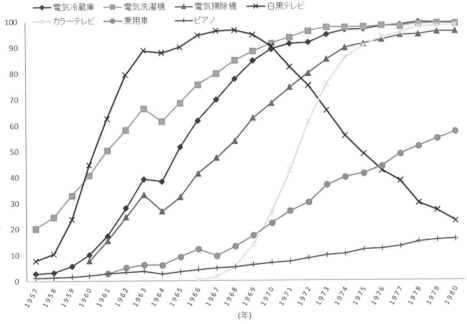

図 57-1　耐久消費財の普及率

出典：内閣府「主要耐久消費財等の普及率（二人以上の世帯）（平成 28 年（2016 年）3 月現在）」『消費動向調査』http://www.esri.cao.go.jp/jp/stat/shouhi/0403fukyuritsu.xls

【参考文献】

金丸隆志, 2013,『理系のための Excel グラフ入門——実験データを正しく伝える技術』講談社.

研究不正をおこなわないために

1 なにが研究不正となるのか

　本書の締めくくりとして、研究上の不正行為をおこなわないために、改めて研究不正について考えてみましょう。【心構え編2】では研究リテラシーについて、【調査編12】では調査倫理について解説しましたが、ここで扱う研究不正とは私たちの研究活動の意義そのものを揺るがしかねないものです。一般に、研究とは科学的行為のもとで進められ、その成果には嘘や偽りのないものと考えられています。したがって研究不正がおこなわれ、その成果の信頼性が失われてしまったら、私たちが努力して進めている研究に価値をみいだすことはできません。ここでは研究倫理について学ぶことを通して、研究不正をおこなわないための知識を身につけましょう。

　国際的に学問分野の壁を超えて研究不正行為として定義されているのは、捏造 (Fabrication)、改ざん (Falsification)、盗用 (Plagiarism) の3つです。これらを総称して頭文字をとり「FFP」ともよばれます。捏造とは「存在しないデータ、研究結果等を作成すること」、改ざんとは「研究資料・機器・過程を変更する操作をおこない、データ、研究活動によって得られた結果等を真正でないものに加工すること」、盗用とは「他の研究者のアイデア、分析・解析方法、データ、研究結果、論文又は用語を当該研究者の了解又は適切な表示なく流用すること」をいいます（日本学術振興会『科学の健全な発展のために』編集委員会（編）2015: 50）。

　本書は社会学を専門としている大学生を読者として想定していますが、社会学が属する社会科学では捏造や改ざんは少ないものの、盗用が起こりやすい分野であるといわれています。しかし本書が中心に扱ってきた社会調査データの計量分析によるレポートや論文執筆では、盗用だけでなく、その性質上、調査データの捏造や改ざんなども起こりえます。たとえば大規模な社会調査の実施には多くのひとがかかわっているため、そのデータ作成過程も多くのひとの目に触れています。その意味でデータの捏造、改ざんは起こりにくいことは確かです。しかし個人で実施した小規模な社会調査では、データの捏造、改ざんがおこなわれたかどうかをひとつひとつ確かめていくことは不可能で、研究に対する誠実な姿勢は個人の研究倫理観に委ねられているのが現状です。

　盗用については、残念ながら大学生のレポートなどでも、インターネット上の情報を無断で引用しているケースが後を絶ちません。安易な気持ちや、無知なことによる盗用も、「知らなかった」では済まされず、不正が認定されれば大きな代償を払わなくてはなりません。懲戒や成績上の不利益は免れないので、研究不正とはなにかをしっかりと理解しておくことが大切です。

eラーニングコースの受講

　それではどのように研究不正を未然に防ぐべきでしょうか。よい教材として、日本学術振興会が研究倫理教育の一環として、研究倫理に関するeラーニングコースを公開しています[1]。これは氏名やメールアドレスの登録をおこなえばだれでも自由に受講することができるので、ぜひ受講してみてください。通称「グリーンブック」とよばれる、インターネット上で無償で提供されている研究倫理についてまとめられた書籍もあり、それをみながら受講すると理解が深まるでしょう。とくに「第2章　研究をめぐる事例」は重要です。内容は物語形式で進められ、各単元の最後に確認テストが実施されます。ここで自分の研究倫理に対する理解度を客観的に知ることができるはずです。

 提出前に確認してもらう

　しかし、以上のような内容を知ることで必要以上に過敏になってしまったり、レポートや論文で知らない間に研究不正をおこなってしまったのではないかと不安になるかもしれません。研究不正の防止について意識的に取り組むこと自体はよいことですが、せっかく創造的で意欲的な研究活動も、研究不正について意識しすぎてしまうと、どこか窮屈で不安な気持ちになってしまうかもしれません。そうならないために、まずはレポートや論文を他者にみてもらいましょう。同じレポートが課されている友人とお互いにコメントしあうことで思わぬミスがみつかるかもしれませんし、指導教員に添削をお願いするのもよい手段です。論文については、この過程で有益なコメントをもらえることもあります。その場合は論文末尾の「謝辞」で感謝の意を表しておくとよいでしょう。

【参考文献】

日本学術振興会『科学の健全な発展のために』編集委員会（編），2015，『科学の健全な発展のために——誠実な科学者の心得』丸善出版．

執筆者紹介

林　　雄亮（はやし　ゆうすけ）（はじめに、1 〜 2、18 〜 30、44 〜 46、48 〜 58 章）
東北大学大学院文学研究科博士後期課程修了　博士（文学）
現在：武蔵大学社会学部社会学科教授
主要著書
　『格差の連鎖と若者 1 ──教育とキャリア』（共著、勁草書房、2017 年）
　『SPSS による応用多変量解析』（共編著、オーム社、2014 年）
　『「若者の性」白書──第 7 回青少年の性行動全国調査報告』（共著、小学館、2013 年）
　『現代の階層社会 1 ──格差と多様性』（共著、東京大学出版会、2011 年）
　『現代の階層社会 2 ──階層と移動の構造』（共著、東京大学出版会、2011 年）
　『日本の社会階層とそのメカニズム─不平等を問い直す』（共著、白桃書房、2011 年）

石田　賢示（いしだ　けんじ）（3 〜 17、31 〜 43、47 章）
東北大学大学院教育学研究科博士後期課程修了　博士（教育学）
現在：東京大学社会科学研究所准教授
主要著書
　『格差の連鎖と若者 1 ──教育とキャリア』（共著、勁草書房、2017 年）
　『弁護士のワークライフバランス─ジェンダー差から見たキャリア形成と家事・育児分担』（共著、オーム社、2015 年）
　『SPSS による応用多変量解析』（共著、オーム社、2014 年）
　『不平等生成メカニズムの解明──格差・階層・公正』（共著、ミネルヴァ書房、2013 年）

基礎から学ぶ社会調査と計量分析

2017 年 4 月 20 日　初版第 1 刷発行
2022 年 2 月 20 日　初版第 3 刷発行

著　者　　林　　雄　亮
　　　　　石 田 賢 示

発行者　　木 村 慎 也

・定価はカバーに表示　　　　　印 刷　新灯印刷／製本　新灯印刷

発行所　株式会社 北 樹 出 版

http://www.hokuju.jp

〒 153-0061　東京都目黒区中目黒 1-2-6
TEL：03-3715-1525（代表）　FAX：03-5720-1488